知られざる皇室外交

西川 恵

角川新書

はじめに

皇室外交は、日本で見るのと外国から見るのとでは、その見え方に大きなズレがある。日本では、天皇、皇后の外国訪問は政治や外交とは無関係の国際親善であると説明される。日本のメディアも、両陛下の誠実なお人柄がいかに訪問国の人びとを魅了したか、感銘を与えたか、という〝お人柄報道〟に多くを割く。

しかしホスト国は天皇を日本の元首（国のトップ）として迎え、両陛下の訪問に政治・外交的意味を付与し、天皇のおことばや、両陛下の一挙手一投足に、日本の国の意思を見ようとする。両陛下を迎えた場で、日本の国連安保理常任理事国入りを支持すると表明をした大統領もいる。

日本では両陛下の外国訪問や、外国の賓客を迎えた宮中晩餐会の話は、新聞の社会面に掲載される。しかし外国では政治面で扱われる。この一事に、皇室外交をどういう文脈で見ているか、日本と外国の違いが如実に表れている。

皇室は政治にかかわらないが、疑いなく皇室は日本外交にとって最大の資産である。日本の首相が何度訪問しても不可能だったことを、天皇が訪れることによって成し得たことは少なくない。

なぜそれが可能だったのかというと、両陛下の訪問に際しては、とくに課題を抱える国の場合、訪問を意義あるようにすべく何年も前から万端の準備が進められる（本書では、オランダと英国について見た）。ただ環境を整えるだけでは不十分で、究極のところ皇室外交は天皇、皇后の人間力に負っていると言っていいだろう。両陛下の振る舞いが訪問国の人びとの間に日本のよきイメージを浸透させ、これが国と国の友好的な雰囲気を醸成する。

日本のメディア報道では「天皇は外国元首と面会された」「皇居・宮殿で華やかに晩餐会が開かれた」「両陛下は無名戦士の墓で黙とうされた」と、断片的にしか伝えられない皇室外交だが、足を踏み入れるとそこには人間味溢れる感情の交流とやり取りがあり、彩り豊かな人間模様が広がっている。またそういうものが国と国の関係や、国際社会を動かしているのも、これまた事実なのである。

皇室外交とは何なのか、またそれが果たしてきた役割を知ってもらうために、これからその深層に分け入って行きたいと思う。

知られざる皇室外交　目次

第1章　宮中晩餐会では「だれに対しても最高のものを」がルール

「だれに対しても最高のワイン」に見る両陛下の姿勢

ある月刊誌をめくっていると、「垢抜《あかぬ》けない日本の『招宴外交』」とのタイトルの記事が目についた。

２０１４年４月にオバマ米大統領が来日した際、宮中晩餐会《ばんさんかい》でフランスの最高級のワインとシャンパンが出たことを批判して、こう指摘する。

「国賓はフランスワインで遇するという、明治以来の伝統に固執する宮内庁の硬直化したもてなしだった。あるワイン業者は…『ホワイトハウスなら、大塚食品の所有するリッジ・ヴィンヤーズが選択肢の一つだろう』と語った。リッジはカリフォルニアを代表するワイナリーだ」

（「選択」２０１６年１月号）

そして

「ワイン外交は相手が喜ぶ銘柄の選択から始まる…」

と続く。

筆者名はないが、この記事の執筆者が言わんとしたことは、もしホワイトハウスの担当者が宮内庁に代わってオバマ大統領の歓迎晩餐会を準備したなら、日本の食品会社がカリフォルニアに所有するリッジ・ヴィンヤーズのワインを選んだろう、というのである。日米の懸け橋を象徴するワインとして相応《ふさわ》しいとの言い分だ。

記事のタイトルに「ワイン専門家の『不在』が致命的」と前振りがあるように、どのようなワインを出せば相手が喜ぶか判断できるワイン専門家がいないことが日本の招宴外交を垢抜けないものにしている、と執筆者は断定する。

宮中晩餐会がフランスワインしか出さないのは事実だ。このことの意味合いはあとで述べるとして、相手によってワインの選択を工夫するべきだとの執筆者の言い分は、日本の皇室のありよう、別の言い方をすれば皇室のもてなしのルールを理解していない理屈と言わざるを得ない。

政治や外交の世界では、相手によってもてなしに差をつけることは普通に行われている。もちろん赤裸々にそれを見せるようなことはしないが、重要な国の首脳のもてなしにはより気を使い、そこそこの国の首脳に対してはある種の気楽さが伴うのは、饗宴《きょうえん》外交をフォローしていればわかることである。

どの国も外交儀礼（プロトコール）の細則を決めていて、これに則《のっと》って外国首脳をもてなす。あるとき、知り合いの外務省の儀典長が

「外交儀礼とはどの国も平等にもてなすためのルールです」

と語ったことがある。これに私は

「表向き平等に扱うと見せながら、実際にはもてなしに差をつけるのが外交儀礼では」と茶々を入れたことがあるが、どの国の賓客かによってもてなしに軽重の差がつくのは政治、外交においてはある意味当然である。これを欺瞞《ぎまん》だとか、差別だとか、小国への侮辱だとか言っても詮無《せんな》いことなのだ。

なぜかというと政治や外交はつぎのような相対比較の上に成り立っているからだ。

「自国の国益にとってAという国はBという国より重要である」

Aという国がBより重要な理由はさまざまだろう。安全保障を依存しているから、経済的に重要だから、政治的、経済的に相互依存関係にあるから…。またAには安全保障を依存しているが、経済的にはむしろBの方が重要というケースもあり得る。短期的に見るか、中長期的に見るかでも重要性は変わってくるだろう。こうしたさまざまな変数を念頭に置いて考えるなら、重要度が同等な国はあるとしても、多くの場合、重要度は異なり、扱いに優劣や軽重の差がつくのは当たり前なのだ。

だから米大統領のホワイトハウスでも、フランス大統領官邸のエリゼ宮でも、英女王のバッキンガム宮殿でも、はたまた中国の中南海《ちゅうなんかい》でも、賓客によってもてなしに違いが出る。はっきり言えば、差がつけられる。ホワイトハウスやエリゼ宮ほど明確でないが、日本の首相官邸でも賓客によってもてなしに差がつく。まぎれもなく首相官邸が政治や外交の場であることの証左である。

しかしこれから免れているというべきか、政治や外交の論理をあえて排除しているのが皇室なのである。なぜかというと、

「だれに対しても公平・平等に、最高のもてなしをする」

との基本的な考えが皇室にはあるからだ。これを突き詰めると、今上天皇、皇后両陛下の姿勢に行きつく。

「身分や立場の違いにかかわらず、だれに対しても公平・平等で接する」

というのは両陛下のポリシーである。

月刊誌の記事に対し、私が「相手によってワインの選択を工夫するべきだとの言い分は、皇室のもてなしのルールを理解していない」と言うのもそういうことなのだ。だれに対しても公平・平等で、最高のもてなしを追求する以上、相手によってワイン選択を工夫するということはあり得ない。

もちろん最高級のワインのなかでの違いはある。何かの都合で最高級でないワインになったということもある。しかしワインによって意図的に賓客に優劣をつけたり、格付けすることは皇室のありよう、両陛下の姿勢に反することなのだ。両陛下は自分たちの行為や言動が政治や外交の脈絡で見られたり、解釈されることを嫌う。

私の知る限り世界の元首の館《やかた》のなかで、政治・外交の論理を排除しているのは日本の皇室しかない。国の大小を問わず、賓客を公平・平等に、最高のもてなしで遇することは、世界を眺めたとき、ある意味、稀有《けう》なことなのだ。エリザベス英女王は立憲君主として、政治的には公平性を保持し、政治に介入しないことを旨としている。この点で皇室と似ているが、それでもバッキンガム宮殿での外国首脳のもてなしには国の軽重が反映する。

オバマ大統領の弾丸訪日

宮中晩餐会がどの賓客も公平・平等に、それも最高レベルでもてなしていることをメニューから見てみよう。まず2014年4月に国賓(最も高い訪問形式)として来日したオバマ米大統領である。

ただその前に、この訪問を振り返っておこう。大統領が安倍晋三首相と銀座のすし店「すきやばし次郎」に行ったときの、あの訪日と言えば覚えている読者もおられるだろう。

この年の2月、オバマ大統領の来日が決まると、日米の事務当局の間で準備が始まった。しかし、滞在日数や国賓待遇とするか否かで日米間の食い違いが表面化した。

日本側が「国賓として迎える」と発表したことに、米国側は「国賓として迎えるかどうかは日本が決めること」とクールな反応を見せたのだ。

滞在日数も最後まで調整が続いた。日本のあと、韓国、マレーシア、フィリピンを歴訪する大統領は1泊2日に固執した。しかし国賓の場合、さまざまな行事が入るため最低2泊3日が必要だ。日本側は表向き「1泊2日でも可能」とコメントしたが、水面下では2泊にできないか打診した。最終的にケネディ駐日大使が大統領に直々に頼み、2泊になった。

オバマ大統領が来日したのは4月23日夜。午後7時、大統領専用機エアフォース・ワンで羽田空港に到着した大統領は、いったん宿舎のホテルオークラに入った。ラフな開襟の白シャツに着替えて出てくると、車列を連ねて「すきやばし次郎」へ。出迎えた安倍首相とにこやかに握手をして店内に入った。

カウンターを占めたのは、両首脳を中心にライス大統領補佐官、ケネディ大使、谷内《やち》正太郎《しょうたろう》国家安全保障局長、佐々江《ささえ》駐米大使の6人。この食事会は安倍首相の私的なもてなしの「非公式夕食会」と位置づけられた。裃《かみしも》をぬいで、くつろいだ雰囲気のなかで個人的関係を深めたいとの考えが安倍首相にはあった。

大統領の訪日の課題は、安全保障問題と環太平洋《かんたいへいよう》パートナーシップ（TPP）協定の2つだった。安全保障問題では海洋における中国の威圧的姿勢が強まるなかで、米国として日本防衛の決意を示すことにあった。しかしすし店で大統領がもっぱら話題にしたのは、交渉が胸突き八丁に差し掛かっているTPPだった。

大統領「安倍首相は高い人気を誇っているのだから、TPP交渉では日本が譲ってほしい」
首相「ケネディ大使も日本では人気が高いですよ」
大統領「日本で人気があっても、米国では選挙の票にならない。米国の養豚業界は日本と違い政治的に強力だ」

国内の支持率が低迷し、秋に中間選挙を控える大統領としてはTPP妥結を成果として誇りたい。そのためには日本が譲歩してほしい——その意図は明白だった。くつろいだなかで個人的関係を築きたかった安倍首相に対して、1時間50分もの間、オバマ大統領は仕事の話に終始した。

訪問は異例づくめだった。通例、国賓は日本側が提供する元赤坂の迎賓館に宿泊するが、オバマ大統領はホテルオークラに泊まった。米大使館の真向かいで便利とはいえ、国賓として来日し、迎賓館に泊まらなかった米大統領はわずかしかいない。

またオバマ大統領は首相官邸での恒例の歓迎昼食会を断った。国賓に対して日本は通常、二段構えの饗宴を用意する。宮中晩餐会と首相主催の歓迎宴だ。つまり国のトップ（元首、日本では天皇）と政府のトップ（首相）がそれぞれ接待する。しかしオバマ大統領は首相の方を断ったのだ。

好意的に解釈すれば、短い滞在だから形式的なことより、いろいろ体験したいとの考えがあったのかもしれない。そうであればいかにも合理主義的なオバマ大統領らしい。来日翌日の24日午前、安倍首相との会談と共同記者会見を終えた大統領は、日本科学未来館で二足歩行のロボット「ＡＳＩＭＯ（アシモ）」を視察し、約30人の学生を前に講演。その後、明治神宮で流鏑馬《やぶさめ》を見学している。

しかし別の見方もできる。来日５カ月前の２０１３年12月、安倍首相は電撃的に靖国《やすくに》神社を参拝した。これは中韓の怒りを買い、米政府も遺憾を表明した。歴史問題で日本は日米韓の結束の足を引っ張っぱると米国は見ただろうし、「戦前の日本を美化する歴史修正主義者」と一部で言われていた安倍首相に、さらなる危惧《きぐ》を抱いたとしても不思議ではない。

そうだとしたら日本は同盟国として重要だが、安倍首相との個人的関係を必要以上に親密に見せたくないとの判断があった可能性もある。

皇室への敬意にあふれたオバマのあいさつ

そのオバマ大統領も、皇室での行事はおろそかにしなかった。24日朝、皇居の宮殿東庭で行われた歓迎式典では、大統領は天皇、皇后両陛下にうやうやしくあいさつし、両国国歌演奏に威儀を正し、自衛隊で構成された儀仗《ぎじょう》隊を巡閲し、栄誉礼を受けた。

儀仗隊は捧《ささ》げ銃《つつ》の姿勢で敵意のないことを示し、これを外国の賓客が閲兵する儀式が巡閲である。また儀仗隊は栄誉礼で賓客に敬意を表す。高位の外国の賓客の歓迎式典では、この儀式が必ず組み込まれる。

そのあと宮殿に入り、両陛下と大統領は親しく懇談した。

皇室に通じている外務省の知り合いは

「オバマ大統領は日本の皇室に尊敬の念をもっています。堅実で質実な皇室や、両陛下のお人柄に感銘を受けたともいわれています。２００９年に来日したとき、腰を90度に折り曲げてあいさつして本国で批判されましたが、あれはパフォーマンスではなく、大統領の両陛下に対する気持ちが態度に表れたのだと思います」

と語る。

その夜、皇居・豊明殿《ほうめいでん》で、両国にゆかりの深い１６８人が招かれて宮中晩餐会が開かれた。オバマ大統領はミシェル夫人を同伴せず、本来なら美智子皇后は欠席されてもおかしくなかった。主賓とホストは対で出席するのが通例で、主賓に同伴者がいないなら天皇だけでもてなす。しかし皇后も出席された。午前中、歓迎式典の後の宮殿内でのご引見でも、美智子皇后は同席した。大統領を温かくもてなしたいとの思いが伝わってくる。

天皇陛下は歓迎のおことばのなかで、東日本大震災での米国の支援に感謝し、

「2万人を超える貴国の軍人が参加した『トモダチ作戦』を始めとし、貴国の多くの人々が被災者のために行った支援活動は、物のない厳しい環境にあった被災者にとり、大きな支えとなりました」

と述べた。

続いて、日米修好通商百周年記念の1960年に皇太子として美智子妃とともに米国を訪問したことなど米国の思い出を振り返り、

「両国民は先の戦争による痛ましい断絶を乗り越え、緊密な協力関係を築きました。両国民が来し方を振り返り、互いの理解を一層深め、相携えて進んでいくことを願ってやみません」

と締め括《くく》り、シャンパンの杯を挙げた。

オバマ大統領は答礼のスピーチを、初めての日本との出会いから始めた。ハワイで暮らしていた子どものとき、母の再婚相手の母国インドネシアに母と向かう途中、日本に立ち寄り、鎌倉などを訪れたときのことだ。

「私が母と一緒に初めて日本を訪れてから50年近く経ちました。けれども国を遠く離れた6歳の少年に示してくれた日本の皆さまの親切を、私は忘れたことがありません」

そしてスピーチは日本人の精神の背後にある皇室に触れる。

「私は第44代アメリカ合衆国大統領ですが、陛下は日本の125代目の天皇陛下です。日本

の皇室は2000年以上の長きにわたり、日本人の精神を体現してきました。今夜、その精神を、陛下の平和への思いのなかに感じることができます」

「3年前の東日本大震災の悲劇にもかかわらず、その強さと規律正しさと高潔さで世界の人々に影響を与え続けている日本国民の立ち直る力のなかにも（この精神は）感じられます。私は本日、この精神に触れました。荘厳な明治神宮では、日本の古来からの宗教的儀式の美しさを体験しました」（カッコ内は引用者）

「（東日本大震災の）つらく苦しい日々に、天皇陛下が皇居から直接、日本国民に語りかけたことを、私たちは決して忘れることはありません。最後に、当時の陛下のおことばの精神を思い起こして、私のあいさつとさせていただきます」（同）

オバマ大統領は日本の皇室と、それが体現する日本人の精神にスピーチの大部分を割いた。大統領の関心のありようと皇室への敬意、両陛下に対する深い思いを感じさせる内容である。

国賓を宿泊先で必ず見送る両陛下

さてメニューである。

清羹《せいかん》

真鯛《まだい》洋酒蒸
羊腿《もも》肉蒸焼
サラダ
凍菓　富士山型アイスクリーム
果物

コルトン・シャルルマーニュ1999年
シャトー・マルゴー1994年
ドン・ペリニョン（モエ・エ・シャンドン社）1998年

真鯛洋酒蒸はマダイのシャンパン蒸し。羊腿肉蒸焼は羊もも肉の蒸し焼きで、ブロッコリーなどを添えている。

宮中晩餐会はフランス料理にフランスワインと決まっている。料理はデザートを別にして主菜まで3品（サラダを入れれば4品だが、サラダは単品で出されず、主菜に添えられる）。

以前はスープと主菜の間に2品あって計4品だったが、宮内庁は2008年に1品減らして3品にした。饗宴時間を短縮して両陛下の負担を軽くするという趣旨もあったが、宮中晩餐会は他の主要国と比べても皿数が多かったから他国並みになったと言うべきだろう。これによって食事時間はそれまで2時間以上かかっていたのが1時間半弱になった。ちなみに米ホワイトハウスも、英バッキンガム宮殿も3品。仏エリゼ宮は前菜と主菜の2品である。

ワインは、白がブルゴーニュ地方の最高級コルトン・シャルルマーニュ。赤は、ボルドー地方のこれも最高級であるシャトー・マルゴー。乾杯のときに注がれるシャパンは、ワインと異なり格付けされていないが、ドン・ペリニョンは祝宴のときの定番である。宮中晩餐会のシャンパンはいつもこの銘柄だ。

宮内庁楽部のオーケストラが米国の曲を静かに、情感込めて演奏するなか、和気藹々《あいあい》と食事は進んだ。食事のあと、招待客らは別の広間に案内され、食後酒を楽しみながら、両陛下とオバマ大統領を囲み、歓談のひと時をもった。午後6時半に始まった饗宴がお開きになったのは午後10時前だった。

別れ際、大統領は両陛下に

「抹茶のアイスクリームをありがとうございました」

と笑顔であいさつした。デザートの富士山型アイスクリームは山頂付近がバニラ、裾野《すその》は大統領の好物の抹茶アイスで作られていた。6歳のとき、日本に立ち寄り、鎌倉で食べたのが抹茶アイスだった。

翌25日午前、両陛下は大統領が宿泊しているホテルに出向いてお別れのあいさつをした。国賓が離日するとき、両陛下は必ず国賓の宿舎を訪れるのが習わしだ。昼前、大統領は次の訪問国の韓国に向けて羽田空港から飛び立った。

アキノ大統領へ示した戦没者への哀悼

次にアジアの元首として、２０１５年６月３日、国賓として来日したフィリピンのアキノ大統領の晩餐会である。

アキノ大統領は２０１０年に大統領に就任して以降、南シナ海での中国の威圧的な行動に対抗するため日米との連携に力を注いできた。日本への公式訪問はこれまでに５回を数え、６回目となる今回、同大統領の姿勢を高く評価する日本政府は、国賓という最高の待遇で招いた。大統領の任期は１年後の２０１６年６月までで、最後の訪日となる。フィリピンでは大統領は１期６年で、マルコス政権（１９６５〜86年）の独裁の教訓から、再選は認められていない。

豊明殿で行われた晩餐会には、両国の関係者約１５０人が出席。前年に成年皇族となった佳子《かこ》さまも初めて出席し、晩餐会に先立って天皇が大統領に

「このなかで一番若い皇族です」

と紹介した。

天皇は歓迎のおことばで、16世紀にマニラに日本人町が造られ、徳川幕府のキリスト教禁制でキリシタン大名の高山右近《たかやまうこん》らがマニラに追放されるなど、両国の交流史をたどったあと、両国の不幸な一時期に触れた。

「先の大戦においては、日米間の熾烈な戦闘が貴国の国内で行われ、この戦いにより、多くの貴国民の命が失われました。このことは私ども日本人が深い痛恨の心と共に、長く忘れてはならないことであり、取り分け戦後70年を迎える本年、当時の犠牲者へ深く哀悼の意を表します」

続いて、「共に手を取り合い」友好関係の増進を図ってきた戦後の歩みを語り、大統領が前年6月に広島を訪れ、平和記念公園の原爆慰霊碑に献花したことにも謝意を表し、杯を挙げた。

答礼スピーチに立ったアキノ大統領は、大戦のことには触れず、戦後の両国の緊密な協力に絞って語った。そのなかで16歳のとき、大統領である母に同行して訪日した際の昭和天皇との思い出を披露し、招待客の耳目を集めた。

「1986年、私は母であるコラソン・アキノ大統領の初の日本訪問に随行しました。昭和天皇にはお声をかけていただき、その際、母を大切にするようにとのお言葉をいただき、その飾り気のない、ご誠実なお話しぶりに大変感銘を受けました」
「私は13歳のとき、父から同じことを言われております。そのとき、父と私は、おそらくこれが最後の会話になるのではないかという思いを抱いておりました。親を大切にという言葉はごく普通の表現ですが、昭和天皇のその温かみのあるお言葉に、私は自分を受け入れていただいた思いがしました」

アキノ大統領の父で民主派の政治家のベニグノ・アキノ氏は１９８３年、亡命先の米国から帰国したマニラ空港で、拳銃《けんじゅう》で撃たれた。瀕死《ひんし》の状態で病院に運ばれたが、間もなく亡くなった。息を引き取る前、「母を大切に」と口にしたのだ。

この暗殺がマルコス大統領一派の仕業であることを疑う者はなく、マルコス打倒運動が広がっていく。１９８６年、軍部の反乱もあってマルコス大統領一家は米国に亡命し、独裁体制に終止符が打たれ、アキノ大統領の母のコラソン・アキノ氏が大統領に就任したのだった。

食事の最中、宮内庁楽部のオーケストラは、暗殺されたアキノ大統領の父が夫人（コラソン・アキノ）に捧《ささ》げた詩に付けたメロディーも演奏した。父を語ったアキノ大統領の答礼スピーチとシンクロしたが、これはフィリピン大使館のリクエストだったと思われる。

アルコールが飲めない賓客には

この夜のメニューである。

清羹
鱸牛酪焼
牛フィレ肉蒸焼
サラダ
凍菓　富士山型アイスクリーム
果物

コルトン・シャルルマーニュ１９９９年
シャトー・ムートン・ロートシルト１９９４年
ドン・ペリニョン（モエ・エ・シャンドン社）１９９８年

清羹はコンソメ、鱸牛酪焼はスズキのバターソテーである。

ワインは、白がオバマ大統領と同じ銘柄で、同じ年代だ。赤は銘柄は異なるが、ボルドー地方の5大シャトーの一つと、これも最高級である。年代もオバマ大統領のときと同じ。シャンパンも同様である。

2つのメニューを比べれば、日本の同盟国の米大統領だから高いレベルでもてなしたのではないことがわかる。アジアの賓客に対しても最高レベルである。

ところでアキノ大統領はこの最高級ワインを飲まなかった。大統領はアルコールがまったくダメで、乾杯ではグラスの縁にちょっと口をつけただけだった。アルコールがダメな国賓にも最高級のワインを振る舞うのかと意外に思う読者もおられるかもしれないが、皇室はあくまで相手の要望に沿ったもてなしをする。

たとえばイスラム教国の賓客でも

「自分たちはアルコールは飲まないが、ホスト側が飲むのは構わない」

というときは、主賓と随行員にはワインとシャンパンを注がない。しかし厳格に宗教上の戒律を守っているイスラム国の賓客の場合、

「ワインのボトルやグラスを目に触れないようにしてほしい」

と求めてくることがある。その場合はアルコール抜きの晩餐会となる。

賓客の要望を第1に考えるのは当たり前と思われているかもしれないが、「郷に入れば郷に従う」という考え方もある。ホスト国のプロトコールに従うべきだとの立場の国も少なく

ない。フランスもその1つである。

イランと国際社会が核開発問題で合意に達し、国際社会の対イラン制裁の解除が発表されたのは2016年1月16日である。その11日後の1月27日、イランのロウハニ大統領がフランスを公式訪問した。

エリゼ宮でオランド仏大統領とロウハニ大統領の会談がもたれ、両首脳は経済、文化などの協力に関する協定に調印した。仏自動車大手プジョー・シトロエンとイラン・ホドロの自動車共同生産や、欧州航空機大手エアバス社から旅客機を大量購入する契約も結ばれるなど大型商談が成立した。このあと両首脳は共同記者会見に臨み、記者団の質問に答えた。ふつうだとこのあと午餐会か晩餐会がもたれるが、そのまま別れた。

元々、ロウハニ大統領は前年の11月に訪仏予定で、事前の準備でイラン側は饗宴にワインのボトルを出さないように求めた。しかしフランス側は
「飲む飲まないは自由だが、フランス側が飲むことに異議は唱えないでほしい。饗宴でワインを出すのはエリゼ宮のルールである」

と拒否した。納得しないイランに、フランス側は
「朝食会はどうか」

と代替案を出した。しかしイラン側は

「歓迎のもてなしとして軽すぎる」

と拒否。結局、食事会は開かないことで折り合った。この直後、１３０人の死者を出した同時多発テロがパリで起き、訪問は流れた。１月の訪問はこの仕切り直しだったが、双方とも問題を蒸し返すのを避けた。両国には17年前のにがい経験があったからだ。

１９９９年4月、イランのハタミ大統領（当時）が訪仏する予定だったが、晩餐会にワインを出す、出さないの綱引きの末、訪問はお流れになった。その後、食事代わりにお茶の時間を設けることで妥協が成立し、6カ月後の10月、やっと訪問にこぎつけた。このときの経験があるだけに、不毛な突っ張りあいを再演して、大きな経済利益をみすみす逃すのは得策ではないとの計算が双方で働いたと思われる。

２００５年11月、モロッコのモハメド6世国王が国賓として来日した。このときモロッコ側は宮中晩餐会のとり行い方で注文をつけた。自分たちはワインとシャンパンを飲まないが、日本側が飲むのは一向に構わない。しかし乾杯はしないでほしい、というのだ。乾杯はキリスト教文化のもので、イスラム教の国にはないとの理由だった。モロッコ側が求めたのは乾杯の代わりに起立することだった。

当日、１１０人の招待者には晩餐会の進め方を書いた栞《しおり》が渡され、周知徹底された。天皇陛下がおことばを述べ終わると、招待者１１０人は杯を挙げず、起立した。全員が着席すると、今度は国王が答礼スピーチをし、再び全員が起立した。賓客に合わせる、ゲストの要望を入れるという姿勢は、日本のおもてなしの精神でもある。

フランスワインを山にたとえれば、裾野から8合目あたりまでは格付けのないテーブルワイン。8合目から頂上までが格付けされたワインで、頂上に向かうほど格付けは高くなる。宮中晩餐会では「だれに対しても公平、平等に、最高のものを」の原則に基づき、頂上にあたる最高級ワインが出されるが、頂上より下のワインが出されることはないのだろうか。ないことはない。例えば2014年3月、ベトナムのチュオン・タン・サン大統領が国賓で来日したときの晩餐会がそうだった。

清羹
鰆《さわら》牛酪焼
羊腿肉蒸焼
サラダ
凍菓
果物

シャサーニュ・モンラッシェ１９９８年
シャトー・ラトゥール１９９４年
ドン・ペリニョン（モエ・エ・シャンドン社）１９９８年

この日の清羹は、燕《つばめ》の巣のコンソメ。次はサワラのムニエルで、椎茸《しいたけ》、蓮根《れんこん》、絹サヤなどの野菜包揚げが添えてある。羊腿肉蒸焼はオバマ大統領のときにも出た羊もも肉の蒸し焼きだ。デザートはいつものように富士山型アイスクリームで、果物はメロンとイチゴだった。

白ワインのシャサーニュ・モンラッシェはブルゴーニュ地方のワインだが、最高級ではない。このワインはいくつかの畑のブドウを集めて造ったテーブルワインもあれば、極上畑のブドウだけを使ったものもある。メニューに生産者の名前が記されていないので、どのクラスかわからないが、宮中晩餐会であることを考えればいいクラスのものだっただろうと思われる。一方、羊に合わせた赤ワインは、ボルドー地方の５大シャトーの１つで、最高級である。

ここで読者は「だれに対しても最高のもてなし」の原則を守っていないではないかと思われるかも知れない。確かに最高級ワインではないが、日本の国益にとってさほど重要な賓客ではないからと、シャサーニュ・モンラッシェにしたのではない。

このワインが出された晩餐会は他にもある。２０１２年10月に来日したマレーシアのアブドル・ハリム国王のときがそうだった。メニューを記そう。

清羹
ヒラメ蒸し煮
牛フィレ肉焙焼
サラダ
凍菓
果物

シャサーニュ・モンラッシェ１９９８年
シャトー・オーブリオン１９９４年
ドン・ペリニョン（モエ・エ・シャンドン社）１９９６年

赤ワインはボルドー地方の５大シャトーの１つで、最高級である。
ではこうした場で供される最高級でないワインはシャサーニュ・モンラッシェだけなのか、

それともそれ以外にもあるのだろうか。私は宮内庁が保有するワインのラインナップの全容は知らないが、おそらくシャサーニュ・モンラッシェ以外にもあるだろう。

ただそうだとしたら

「『だれに対しても最高のもてなし』の原則を堅持する宮内庁が、なぜ最高級以外のワインを買う必要があるのか」

との疑問も提起されそうだ。

宮内庁のワイン購入戦略を承知している訳ではないが、すべて最高級ワインだけで占められてはいないはずだ。２番手、あるいは３番手ぐらいのワインも常備するのが、大々的な饗宴を催す元首の館にとっては常識だ。最高級だけだと、必要な本数を揃えられるとは限らない。生産量がさほど大きくない銘柄もある。また21世紀に入って、中国の富裕層が投機で買い占め、著名な銘柄は買いたくても手に入らないという状態がつづいている。

しかも百数十人の招待客がいる晩餐会は、１回に出て行くワインの本数も半端ではない。たとえばフランスのエリゼ宮は白、赤共に３人に１本（７５０ミリリットル）の計算で準備する。１人当たりグラスに２杯強だ。先のオバマ大統領の宮中晩餐会は１６８人を招いていたから、単純計算で白、赤それぞれ56本必要になる。宮中晩餐会はグラスに注ぐのをセーブして、１本あたり４、５人を想定しているかもしれない。そうだとしても約30～40本である。

つまり宮内庁としては最高級ワインだけを出していたら払底するから、それ以外のワインも時折出して、調整する必要がある。これがシャサーニュ・モンラッシェを出した背景にあると思われる。

最高級でない白ワインを出したことが賓客を格付けしているのではないもう一つの証左は、赤ワインには必ず最高級を出していることだ。賓客を政治的、外交的観点から差別化しようとしたら、赤ワインでも変化球を投げるだろう。

皇室がどの国の賓客に対しても平等に、最高級のフランスワインでもてなしていることを知った、国際政治や外交に通じた外国人は皆、「すごいことだ」と驚く。日本の元首と見られている天皇が、政治的な論理を排除したもてなしをすること自体、外国では考えられないからだ。皇室は、大統領の官邸とも、王室とも異なることを、外国の賓客はこのもてなし1つを通して感得する。

皇室ルールの起源

他国には見られない「だれに対しても最高のもてなしを」との原則はいつからのことだろうか。戦前、現在のように首脳が行き来する首脳外交はめったになかったことを考えれば、おそらく戦後のことだろう。

ただ日本の皇室の本来のありようからして、生々しい政治や外交の論理でもって賓客のもてなしを采配《さいはい》することはなじまなかったことは確かだろう。明治期の駐日外交官やその夫人たちの記録を読むと、宮中晩餐会などで両陛下は最大限の手厚いもてなしで外交団を遇していることがわかる。

ここには西洋への憧《あこが》れもあれば、不平等条約改訂のための思惑もなきにしもあらずかもしれないが、だれに対しても最高のもてなしをするのは、元々、日本人に備わった資質である。加えて戦後、皇室が政治と切り離され、政治や外交を超越した存在になったことで「だれに対しても公平・平等に、最高のもてなしを」が明確な原則となったのではないかと思われる。

敗戦後、占領を経て再び船出した日本にとって、孤立を脱するためには国際社会の認知を得ることが大きな課題だった。認知を得たことを示す最も明瞭《めいりよう》な形は、外国首脳の国賓としての来日である。

いまでは信じられないことだが、1952年の独立からある時期まで、外国の首脳が国賓として来日すると昭和天皇が羽田空港まで迎えに出ていた。いかに日本が国賓の来日を待望し、歓迎していたかの表れだ。

戦後の国賓第1号は1956年11月、エチオピアのハイレ・セラシエ皇帝。さらに1958年5月のイランのパーレビ国王、同じ年9月のインドのプラサド大統領とつづく。いずれも日本と直接に戦争でかかわりのなかった第３世界の国である。

先進国で初めて国賓で来日したのは１９６１年11月の英国のアレクサンドラ王女で、このときも昭和天皇がわざわざ出迎えている。25歳と若く、元首でもないので、日本政府内には「国賓扱いでなくともいいのではないか」との意見もあった。しかし戦火を交えた英国からの戦後初めての賓客ということで政府は気を使い、国賓として遇し、宮中晩餐会を催した。

この国際社会の認知を得たいという熱い思いが、日本にとって大事な客人は、国の大小を問わず手厚く遇するという皇室の姿勢を補強していったことは十分考えられる。

また日本は国賓に対して、国のトップ（天皇）と政府のトップ（首相）の二段構えの手厚いもてなしをすると先に書いたが――政治、外交の論理を免れない首相とは一線を画したもてなしを皇室が追求する背景がここにもあるかも知れない。考えてみれば、皇室と首相官邸は絶妙な役割分担をしている。

いずれにせよ皇室は、「だれに対しても公平・平等に、最高のもてなしをする」という本来的に日本人が備えていたもてなしの精神を体現し、戦後、より明確にしていったと言うことができるだろう。

なぜ宮中晩餐会はフランス料理にフランスワインか

ところでなぜ宮中晩餐会は、フランス料理にフランスワインなのだろう。

皇室がフランスの形式を模倣するのは、日本が明治維新を遂げた19世紀後半、ヨーロッパの外交儀礼はフランスを範とし、饗宴もフランス料理を正餐としていたことに由来する。

驚かされるのは明治維新後、皇室がフランス料理を饗宴料理として取り込んでいくスピードである。

『明治天皇紀』によると１８７２年１月（太陰暦の当時は明治４年12月）、当時の宮内省は天皇の食事に「獣肉」を解禁することを内膳司《ないぜんし》（厨房《ちゅうぼう》部門）に通知した。「獣肉」とは四つ足の動物の肉を指す。これによって肉料理が天皇の日常の食卓に上るようになるが、これはきたる外交饗宴に備える意味もあったと思われる。

天皇の肉食解禁は社会情勢とも密に連動していた。同じ年、『安愚楽鍋《あぐらなべ》』で人気作家になった仮名垣魯文《かながきろぶん》が、横浜の英国人が書いたレシピを翻訳し、『西洋料理通』のタイトルで出版している。従来の精進料理を一新して肉食を勧め、諸外国に恥ずかしくない料理を作るべきだと説くこの本は、一般大衆の肉食アレルギーを解く上で大きな影響があったといわれる。

明治政府は欧化政策を進め、日本が西洋列強と変わらぬ文明国であることを示そうとしたが、それは食の分野においても例外ではなかった。日本は朝野を挙げて肉食へとまい進したのである。

肉食解禁から3年後の1875年（明治8年）5月28日、明治維新後で初めてとなる宮中午餐会が外交団を招いて開かれた。ちなみにこのとき明治天皇の住まいはいまの皇居ではなく、赤坂離宮（現在の迎賓館）の仮皇居で、午餐会の会場もここだった。

招かれたのは、英、米、伊、蘭、露、仏、独、西、ベルギー、ペルーの計10か国の公使で、有栖川宮熾仁親王《ありすがわのみやたるひと》、太政《だじょう》大臣三条実美《さんじょうさねとみ》、右大臣岩倉具視《いわくらともみ》のほか、宮内卿《きょう》（宮内省大臣）、侍従長らも加わった。宮殿の広間を食前酒の談話室に充て、天皇は公使たちと大いに歓談し、頃合いを見計らって公使たちを食堂に誘ったという。

メニューは次のようなものだった。

料理は

〈牛羹肉摘入（コンソメ）〉

〈離白汁掛鰕蠣菌松露（ひな鳥、カキ、オマールのトリュフ味）〉

〈脂焼羊肉（羊のソテー）〉

〈袋蒸鳩（ハトの包み蒸し＝ファルシー）〉

〈寄物雉子羽盛（キジ肉のゼリー寄せ）〉

〈油焼犢牛股肉（子牛ソテー）〉

〈油煮鶉苑豆（ウズラの青豆添え）〉

〈洋酒入菓子（サヴァラン）〉

〈蒸焼七面鳥松露（七面鳥のトリュフ風味）〉

〈蒸焼羊股肉洋菜（羊モモ肉）〉

〈冷し臘干（冷製ハム）〉
〈臘肝干藻寄（フォアグラのテリーヌ）〉
〈洋酒烹牛背肉（牛フィレの洋酒蒸し）〉
〈洋酒煮兎股肉酢入（ウサギの股肉《ももにく》の洋酒煮）〉
〈洋独活白掛汁（ホワイトアスパラガスのマヨネーズソース）〉
〈洋菜花白掛汁（カリフラワーのホワイトソース）〉

そしてデザートは
〈牛乳凝膏（ブランマンジェ）〉
〈アナナ製菓子（パイナップルのお菓子）〉
〈干菓物寄菓子（フルーツケーキ）〉
〈茄菲入氷菓子（コーヒーのアイスクリーム）〉
〈菓物入氷菓子（フルーツのアイスクリーム）〉
〈餝附造菓子及木菓子数品（菓子取り合わせ）〉

（　）内の現代語訳は和知徹《わちとおる》訳を参照

料理16品、デザート6品。当時、ヨーロッパの宮廷でも似たような品数が出ているから、それを手本にしたのだろう。魚は食材の一部として使っているが、独立した料理としてはない。これに対して肉類は、牛、羊、キジなどさまざまなものを並べた。

フォアグラ、トリュフ、ホワイトアスパラガスなど、日本で手に入らない食材も多く、欧化の潮流にあって、珍しい食材が外国から流れ込み始めていたことがわかる。ただ飛行機のない時代、ホワイトアスパラは大丈夫だったのだろうか。

食事中、宮内省の楽師たちが音楽を奏で、食後は再び談話室に移動して、明治天皇と公使たちはコーヒー、リキュール酒を楽しみながら歓談したという。饗宴の進め方も西洋に倣ったのだ。

このメニューは宮内省の内膳司に出仕していた料理人の松岡立男氏が午餐会の4カ月前に横浜のオリエンタル・ホテルで学んだものだといわれる。フランス人のL・ボナが経営するこのホテルは明治6年に創業され、当時、美味《おい》しいフランス料理を出すことで知られていた。

この午餐会から皇室の饗宴はフランス料理と定まったのである。残念ながら、いずれのメニューにも飲み物の記載がないが、あれだけの食材がヨーロッパから入ってきているのである。フランスワインは当然のことあっただろう。

和食、日本ワインに変わる日は来る？

今日、フランス料理を正餐としている元首の館はまだ結構ある。とくに宮廷外交でフランス料理を早くから取り入れてきたヨーロッパはそうだ。本家本元の仏エリゼ宮は言うに及ばず、英バッキンガム宮殿をはじめとする各国の王室、大統領官邸はほとんどがそうだ。

しかし大きな流れは脱フランス料理＝民族料理に向かっている。例えば米国。クリントン大統領（1993〜2001年）がホワイトハウス入りした翌年の1994年、ヒラリー夫人はそれまでのフランス人に代えて米国人をシェフに据えた。フランス人シェフがバターやクリームを多用し、改善を求めても変わらなかったのが理由だが、もう1つ理由があった。「ホワイトハウスは米国のショーウィンドウで、外国の賓客には、豆や野菜をたくさん使ったヘルシーな米国のカントリー料理を振る舞うべき」

との考えからだった。

以来、ヒラリー夫人のこのポリシーは、ローラ・ブッシュ大統領夫人、ミシェル・オバマ大統領夫人に引き継がれている。ワインももちろん米国のものだ。

韓国の青瓦台《せいがだい》もかつてはフランス料理だったが、いまは李《り》王朝時代の宮廷料理である韓定食を正餐としている。中国はいうまでもなく最初から中国料理だ。ワインも中国産。ロシアもロシア料理である。

東大名誉教授（国際法）の大沼保昭《おおぬまやすあき》氏は以前から、皇室は和食を正餐とすべきだとの主張の持ち主だ。

「皇室が和食でなく、フランス料理で外国の国賓をもてなすのは、『鹿鳴館《ろくめいかん》精神』の名残りがあるからです」

と言い切る。

フランスのやり方が西洋の外交儀礼を決めていた明治期、これに合わせてこそ1等国の仲間入りができると欧化にまい進した。夜な夜なドレスアップした紳士とご婦人方が鹿鳴館の夜会に集って、慣れないステップを踏んだのも、1等国になりたい一心からだった。いまもフランス料理にフランスワインを正餐とするのは、この「鹿鳴館」に代表される開国以来の劣等意識が底流にはあるから、と言うのだ。

かつて外交饗宴におけるフランス料理の正餐で、スープは不可欠だった。しかしいまもスープを出しているのは皇室ぐらいだ。伝統墨守で知られるバッキンガム宮殿でさえ省いている。この点でも皇室は生真面目にスタイルを守っている。

しかしいま皇室は難しい立場にある。大沼氏ではないが、

「なぜ和食を正餐としないのだ」

「皇室は和食文化のショーウィンドウとなるべきではないか」

との声がジワジワと広がっているように見受けられるからだ。社会の流れもその方向にあ

る。

２０１３年12月、国連教育科学文化機関（ユネスコ）によって和食が無形文化遺産に登録された。美味しいだけでなく、ヘルシーな和食はすでに世界的ブームだったが、この登録によってお墨付きを得た形だ。クール・ジャパンの一環として、日本のイメージ向上、日本の農産物輸出振興に、和食をもっと活用していこうとの動きも出ている。

安倍晋三首相は２０１２年12月に再登板すると、それまでは賓客に、和食、洋食、和洋折衷の3通りから選んでもらっていたのを、和食に絞るよう指示した。首相官邸から和食文化を発信していこうとの考えだった。

こうした流れのなかで、皇室だけは無風地帯にいるように音無しだ。宮内庁関係者に宮中晩餐会を和食にできない理由をたずねると、答えはこうだ。

まず和食はコースが多い。フランス料理なら前菜から果物まで5コースだが、和食となると平均的なものでも、前菜、お椀《わん》、造り、炊合せ、焼物、食事、デザートの7コース。しかも個々のコースに醬油《しょうゆ》皿など大小さまざまな皿がつく。食器の形も料理に合わせて多様だ。「百数十人分の、それも多様な和食器を取り揃えなければなりません。さらに皿を運んだり下げたりする手間があります。饗宴の時間も限られており、各コース１皿ですむフランス料理と比べると難しいです」

暗黙の圧力は料理だけでなく、ワインにもある。いま日本のブドウだけで造った日本ワインが急速に浸透している。首相官邸も例外的なケースを除き、日本ワインだ。日本ワインが外交饗宴の場で使われるようになったのには1つの伏線がある。

民主党政権時代の2010年、民主党議員のワイン愛好家が集まって、日本ワインをもっと活用しようと「ワイン産業振興議員連盟」を立ち上げた。同議連は外務省、首相官邸、宮内庁に、饗宴では日本ワインを使ってほしいと申し入れを行った。菅直人《かんなおと》首相のときだったが、ワインを揃えるにはそれなりに時間がかかる。野田佳彦《のだよしひこ》首相になって官邸の食事会で時々、日本ワインが出るようになり、安倍首相になってこの流れは加速した。

安心、安全、ヘルシーの志向にあって、和食のトレンドは強まりこそすれ弱まることはないだろう。日本ワインについても若者たちが続々とワイン造りに参入し、レベルの高い日本ワインが生まれている。フランス料理にフランスワインを正餐と位置づける宮内庁には心理的圧力となる。

第2章　昭和と平成、皇室2代にわたるミッテランとの友好

ミッテランによる突然の黙とう

昭和天皇が亡くなったのは1989年1月7日の午前6時半過ぎだった。それから9時間後、パリでは遅い冬の日の7日が明けはじめた。前夜の雨がすっかり上がり、路上はまだ濡《ぬ》れていたが、青空が広がっていた。パリの空が徐々に明けていくのを私は勤める新聞社の支局の窓越しに眺めていた。

なぜ情景を克明に覚えているかというと徹夜をしたからだ。この日、パリでは化学兵器禁止国際会議が開催されることになっており、前夜遅くまで取材で駆け回り、支局に戻って原稿書きに追われていた。支局が契約している通信社のチッカーが、夜中に「昭和天皇逝去」を至急報（アージェント）で流したのも知っていた。

1989年は冷戦が終結した年として国際政治の世界では記憶されているが、私のなかでは昭和天皇の死で明け、「ベルリンの壁」の崩壊（11月9日）で暮れた1年との印象が強くある。

まだ人気《ひとけ》の少ない早朝の街を、キオスクに新聞を買いに行くと、

「戦争の最高責任者だった日本のエンペラーが亡くなる」

との見出しが躍っていた。支局でラジオとテレビを点《つ》けると、2番手か3番手でこのニュ

ースを伝えていた。いずれも戦争責任と結びつけてその死が解説されていた。

化学兵器禁止国際会議は７日から11日までの５日間、パリ７区の国連教育科学文化機関（ユネスコ）本部を会場に開かれることになっていた。国連の主催だったが、フランスのイニシアチブのもとでの開催だった。

１９８０年代後半、米国のレーガン大統領とソ連のゴルバチョフ大統領の間で、核と通常兵器の両分野における軍縮が加速していくなか、フランスはもう１つの分野である化学兵器の軍縮を国際会議で呼びかけた。

ジュネーブの国連軍縮委員会では１９８０年から、本筋ともいえる化学兵器生産・貯蔵禁止条約交渉が行われていたが、交渉は足踏みしていた。国際会議を開催することで本筋の交渉を突き動かそうとの狙いがフランスにはあった。

参加した１４３カ国のうち80カ国が外相クラスの代表を送り込んだこともこの会議に対する国際社会の関心を映し出していた。国連からはデクエヤル事務総長、米国はシュルツ国務長官、ソ連はシュワルナゼ外相、日本は宇野宗佑《うのそうすけ》外相が出席した（ちなみにこの国際会議を機に条約交渉は進展し、１９９２年に条約案が採択された。翌年にパリで署名式が行われ、１９９７年に条約が発効した）。

午前10時、議長国フランスのミッテラン大統領が開会を宣言した。本来だと会議を主催するデクエヤル事務総長にあいさつのスピーチを促すところだったが、大統領はシナリオにない提案を口にした。

「昨夜、日本の天皇が亡くなられた。その死を悼み、ここで1分間の黙とうを捧《ささ》げたいと思う」

突然のことだった。私は議場の一角にあるメディア席にいたが、参加国の代表団は何の乱れもなく、一斉に起立して頭《こうべ》を垂れた。数百人が埋めた議場は水を打ったような静寂に包まれた。

黙とうが終わると再び議事に戻り、一番手のスピーカーとしてデクエヤル事務総長が演壇に立った。事務総長は

「これだけの国が一堂に会したのは、化学兵器禁止の重要性を各国が認識しているからである」

と会議の意義を強調した。

ミッテラン大統領がこのような提案をすることは事前に参加国には伝えられていなかった。日本側代表団とて同じだった。昼の休憩時間、宇野外相はミッテラン大統領が控えている別室に足を運び、日本政府として感謝の意を伝えた。

「まったく予期しなかったことで大変感激しました。私自身の口から日本政府としてのお礼

を言いたく思い、お昼にお伺いしたのです」

と宇野外相は日本記者団に語っている。

大統領はなぜ唐突に黙とうを提案したのだろうか。昭和天皇は日本の元首として認識されていたが、国際政治の場での存在感はほとんどなかった。

むしろ中国大陸への侵略と、それに続く第二次世界大戦の日本の最高責任者ながら、責任をあいまいにしたまま戦後もその地位にとどまっているとの認識は、同盟国の米国は別にして、アジア、欧州に根強くあった。特に欧州の、日本と交戦したオランダや英国の元戦争捕虜や遺族の恨みは深かった。

オランダの植民地だったインドネシアでは、日本軍の強制収容所でオランダ人２万２００0人が食糧不足や風土病で亡くなった。英国の場合はビルマ（現ミャンマー）、シンガポールなどで捕虜になった英軍兵士に対する過酷な強制労働を含む虐待の記憶が、まだ生々しく残っていた。

フランスはドイツに占領された後、対独融和のヴィシー政権が成立し、日本の交戦国ではなかった。しかし日本軍がフランスの植民地だったベトナムに進駐したとき（仏印進駐）、フランス軍と日本軍の間で小競り合いがあり、フランス人に死傷者を出した。また現地のフランスの軍人や一部植民者は収容所に入れられた。そのような体験をした人の間では日本の印象は悪かった。

こうした昭和天皇に対する国際社会の複雑な感情を知ると、なおさらのことミッテラン大統領の唐突さが際立つのだ。大統領は指導者としては大勢順応の調整型ではなく、流れに逆らい、意表を突いて新しい局面を打開するタイプである。昭和天皇に黙とうを捧げることは大統領の独断で、ロカール首相らにも知らせていなかったと思われる。参加国のなかには複雑な思いで起立した人もいたかも知れない。

ミッテラン大統領の昭和天皇に対する黙とうという異例のイニシアチブは、その後、大統領が「大喪の礼」にも出席すると決めたことと考え合わせると、昭和天皇に対する個人的な思いがあったからだと推察せざるを得ないのである。それが何だったのかはあとで語ろう。

大喪の礼への出欠が示すもの

日本政府は昭和天皇の逝去を受けて、2月24日に「大喪の礼」を催すと発表した。同時に世界の日本大使館に、駐在国の政府はだれを出席させるのか打診するよう指示した。国王(女王)や大統領など、各国の元首クラスの面々が多く出席してくれれば葬儀は盛大になり、国威という面からも好ましい。

当時、日本はバブルで、世界第2位の経済大国として国際社会で大きな存在感を占めていた。これに相応《ふさわ》しい「大喪の礼」になってほしいと願うのは当然の感情だったろう。

しかし日本と戦火を交え、日本軍の占領を経験した国々にとっては、だれを出席させるかは悩ましい問題だった。日本との友好関係は大事だが、国内の厳しい対日世論も考慮しない訳にはいかなかったからだ。

オランダはベアトリックス女王ら王族の出席を見送り、ファン・デン・ブルック外務大臣の出席を発表した。首相の出席も見合わせた。このとき、ベアトリックス女王は当時の皇太子と美智子《みちこ》妃に手紙を送り、こう事情を説明している。「両国関係のためには、あえて自分が出席しない方が良いと判断しました」。それだけオランダの世論は厳しかった。

英国はエリザベス女王の夫君フィリップ殿下の出席を発表した。エリザベス女王が出席することは考えられず、国内世論から考えればフィリップ殿下でも最上位の配慮がなされたと言うべきだろう。事実、元捕虜などの団体から「フィリップ殿下の出席に反対」と批判する声が出た。英王室は皇室の長年の交流を考慮して決定したものとみられた。

フランスはどうだったか。当時の木内昭胤《きうちあきたね》駐仏大使は日本特派員との懇談の場で
「ミッテラン大統領の出席は難しいでしょう」

と述べていた。有力紙ルモンドなどにも「昭和天皇は戦争責任者」といった投書が載り、大統領が出席する状況にないように見受けられた。

ところが大統領本人は木内大使直々の打診に出席する用意があると述べる。

後日、木内大使はこれについて

「出席する条件として大統領は『日本滞在中における皇太子との会見』を求めました。本省と連絡をとり、日本として断わる理由はありませんので了承しました」

と日本人記者団に語っている。

日本政府にとってミッテラン大統領の出席はありがたかったはずである。皇室と交流のある各国王室は英国とオランダは例外として、元首の国王を送り込むと表明していた。ベルギーのボードワン国王、スウェーデンのグスタフ国王、スペインのホアン・カルロス一世国王……。しかし国際政治舞台で重きをなす国連安保理常任理事の5カ国のなかでは、当初、元首の出席を表明したのは米国のブッシュ大統領（父）だけだった。

英国は先に述べたようにフィリップ殿下、中国は銭其琛《せんきしん》外交部長、ソ連はルキャノフ最高会議幹部会第一副議長の出席にとどめた。しかしフランスがミッテラン大統領の出席を決めたことで、国連常任理事国の2カ国が元首を送り込むことになり、政治的な重みは増した。

同じ元首でも、外交儀礼上のステータスは、大統領よりも国王（女王）の方が上位にくる。国王（女王）が終身なのに対して、大統領は選挙で選ばれ、任期が終われば退任するからだ。しかし国連常任理事国の元首となると、受け入れ国の気遣いや配慮は異なってくる。

当時、外務省高官は

「王族がいますが、政治的な実質の序列でいうとブッシュ大統領がナンバー1で、ミッテラン大統領がナンバー2になります」

と筆者に語っている。

「大喪の礼」は世界164カ国の元首、首脳、政府幹部、27国際機関の代表を含め、計700人に及ぶ使節団を集めた。ミッテラン大統領は事実上、ナンバー2の扱いを受け、皇太子、美智子妃と面会する機会をもったのである。

昭和天皇に対する黙とうと、「大喪の礼」への出席。ミッテラン大統領は昭和天皇に対しどのような思いがあったのだろう。さらに言うならば、大統領は日本の皇室に対し、どのような個人的印象を持っていたのだろう。これを知るために、大統領がフランス大統領として初めて国賓として訪日した1982年に溯《さかのぼ》ろう。この訪問が事実上、同大統領が日本を発見する最初の契機となったからだ。

ただその前に外国の賓客の訪問形式について述べておこう。最も高い訪問形式が国賓である。国賓は国の最高の賓客で、この待遇を与えられるのは、その国の元首に限られる。国王（女王）、大統領で、日本の天皇も外国では元首と見られている。首相は内閣のトップだが、国のトップではないので国賓とはならない。

国賓訪問が行われる頻度は、国にもよるが、平均して10年に1回で、国賓訪問は両国の友好関係を最高レベルで確認するという意味合いもある。旅費、滞在費はすべてホスト国が負担する。

国賓に次ぐ訪問形式は公賓訪問である。王族や副大統領など、元首に準じる立場の人に与えられる。その次にくるのが公式実務訪問。会談や交渉など実務での訪問だ。以上は一括して公式訪問に分類される。それ以外の訪問は非公式の訪問となる。

やっと実現した仏大統領の訪日

戦後、訪日を計画した最初のフランスの大統領はポンピドー大統領（在職1969〜1974年）だった。1974年に国賓として訪日予定だったが、直前に癌で亡くなり、果たせずに終わった。

この3年前の1971年、昭和天皇は皇后と非公式にフランスを訪問し、ポンピドー大統領と面会、昼食のもてなしを受けている。ベルギー、英国、西ドイツ（当時）の3カ国を公式訪問した際、2日間だけ非公式にパリに立ち寄ったときのことだ。

このときのエピソードがある。フランス側は日本大使館に、天皇、皇后両陛下のためにエリゼ宮（大統領官邸）で昼食会を催したいと提案してきた。大使館が宮内庁に伝えたところ

「非公式訪問であり、受けることはできない。断わってほしい」

と返答があった。加えて宮内庁が求めたのが、パリ市内の移動にベンツを用意し、日章旗を車の前に立てることだった。

エリゼ宮と宮内庁の間に立って奔走したのが、当時、日本大使館公使の故本野《もとの》盛幸《もりゆき》氏（後の駐仏大使）だった。

私の取材にこう語っている。

「当時のフランスには日本軍の仏印進駐を経験した人がまだ多くいて、対日世論も決してよくありませんでした。その日本の天皇が大統領の招待を断わり、大戦中の同盟国だった西ドイツの車に日章旗を掲げてパリ市内を走り回ることはフランスの国民感情を逆なでし兼ねません。日仏の友好関係の上でもプラスにならず、懸念しました」

「宮内庁にはフランスの空気を伝え、昼食会を受けるべきだと繰り返し説明しました。正直、フランスから見ていて『宮内庁は何を考えているのだ』という気持でした」

この提言は受け入れられ、両陛下はエリゼ宮で昼食会に臨んだ。本来はこの流れを受けて、ポンピドー大統領が国賓として来日するシナリオだった。

後任のジスカールデスタン大統領になっても先進国首脳会議（Ｇ７サミット）以外は訪日する機会がなく、１９８１年５月に社会党のミッテランが大統領に当選して、訪日が再び現実のものとして日程に組み込まれた。

1982年4月14日から18日まで、ミッテラン大統領は国賓として訪日した。大統領就任から1年弱。早期の訪日に踏み切った背景には、日本が世界第2位の経済大国であるにもかかわらず大統領が一度も訪れておらず、他の先進国に比べて経済関係の進展が大きく遅れていた現実があった。

大統領には多彩な顔ぶれが同行していた。大統領特別顧問のジャック・アタリ氏、閣僚や企業家のほか、哲学者のミシェル・セール氏、日本文学と仏教の専門家のベルナール・フランク氏、ギタリストのギー・ベアール氏…。政治家ながら著作もよくした文人でもあるミッテラン大統領は、外遊の折に経済関係の閣僚や実務家のほか、顔見知りのアーティストや知識人をよく同行させた。

訪日2日目の4月15日、大統領は国会で演説し、両国関係の展望を語った。通訳は同行したフランク氏が務めた。この後、鈴木善幸《ぜんこう》首相とミッテラン大統領の首脳会談が行われた。

この時期、日仏関係の大きな課題はフランスの対日輸出をどう拡大するかであり、これに絡んで日本の市場開放が課題として浮上していた。6月、フランスが議長国となってG7サミットがヴェルサイユで開かれることになっており、市場開放問題も議題となる予定だった。

会談で大統領が、

「日本を裁く観点からでなく、対話と融和と友好の精神に基づいて指摘するのだが、欧州では日本の保護主義に懸念が深まっている」

と述べた。これに対し鈴木首相は、

「日本は外国人の日本市場参入に好意的です」

と平行線に終始した。

皇室を通して日本を知る

その夜、昭和天皇の主催による宮中晩餐会《ばんさんかい》が開かれた。そのメニューである。

清羹《せいかん》（スッポンのスープ）
甘鯛《あまだい》酒蒸し
燻製《くんせい》若鳥冷製
羊肉あぶり焼き
サラダ
凍菓（富士山をかたどったアイスクリーム）
後段（デザート、メロン、イチゴ）

現在、宮中晩餐会のメニューは最初のスープと主菜の間には1品だけだが、このころはまだ2品あった。饗宴《きょうえん》も3時間と長かった。

食事の前、食前酒を飲みながら歓談するカクテルタイムに、ミッテラン大統領はある女性の皇族と言葉を交わした。話題はフランスの大統領の7年という長い任期についてだった。

ミッテラン大統領はこう言った。

「7年は長いです。私は古本屋めぐりをし、本を読んで、書きものをして暮らしたいのです。しかし大統領になってそれもできません。やっと1年終わったばかりで、あと6年あります。かごの鳥で我慢しなければなりません」

これに対して、女性の皇族はこう返した。

「それでは終生、かごの鳥でいなければならない私はどうしたらいいのでしょう？」

これに大統領は一瞬答えに詰まった。話術に長《た》け、相手をそらしたり、とぼけてみせるのが巧みな大統領もこのときは黙ってうなずくしかなかった。私はこのエピソードを近くで目撃した大統領の側近から聞いた。

ミッテラン大統領は訪日前、日本に対する明確なイメージを持っていなかったという。政治、経済の動向は政治指導者として知っていただろうが、日本人や日本の社会、皇室などに対する知識はほぼ皆無だったと言っていい。

　大統領の外交補佐官だったジャン・レヴィ氏は私にこう語っている。

「ミッテランという人は事前にブリーフィングは受けても、それを鵜呑《うの》みにしないで、自分の目と耳で確認したものに基づきイメージを形成します。訪日に際しても同様で、日本に関するさまざまな情報が事前に伝えられましたが、日本に行ってからさまざまな人との交流を通して理解したと思います」

　この「さまざまな人との交流」に皇室がかなりの部分を占めているのは間違いない。欧州の王室とはまた違った質実な日本の皇室に実際に触れ、また昭和天皇の誠実で分け隔てのない姿勢や、先の女性皇族とのやりとりなどを通じ、ミッテラン大統領は皇室が日本人のなかに溶け込み、日本人の精神を体現していることを感じとったと思われる。

　訪日した外国の首脳が日本を理解するとき、皇室を通して日本人や日本という国の像を自分の内に結ぶことを、私たち日本人はもっと知っていい。とくに体制の変転で中断したり、再興した欧州の王室と異なり、皇室は世界でも稀有《けう》の長い伝統を持つ。皇室が日本人の精神を表していると外国の首脳が見るのは当然のことでもある。

昭和天皇が歌ったシャンソン

ミッテラン大統領の皇室への理解を深めたもう1つのエピソードがこの訪日のときにあった。

大統領一行は日本滞在最後の日の18日は京都に行く予定になっていて、前日17日にフランス大使公邸でリターンバンケット、つまり答礼の夕食会を開いた。国賓は帰国前、滞在中、お世話になったことの返礼として、答礼のパーティーなり食事会を開くのが外交上の慣例となっている。

この日は土曜日だった。着席の夕食会の招待状は昭和天皇にも出されたが、「天皇が1国の大使館に行くことはあり得ず、招待を受けない」と大統領は周囲から聞かされていた。ところが大方の予想に反して昭和天皇が招待を受けたのである。昭和天皇自身が行くと言ったという。1国の大使公邸に天皇が行くことはいまでは考えられない。

訪日に同行した大統領特別顧問のジャック・アタリ氏は『ヴェルバティム』という著作のなかでこのことに触れている。ヴェルバティム（Verbatim）とはラテン語で「1語1語逐語的に説明する」という意味で、大統領の近くで見聞きしたことをクロノロジカルに日記風につづった本である。

「１９８２年４月17日土曜日　…東京のフランス大使館で大統領（引用者注：ミッテラン）が夕食会を催した。大いなる驚きがあった。天皇（同：昭和天皇）が来られたのだ」

フランス大使館というのは正確には大使公邸だ。東京の南麻布にあるフランス大使公邸は大使館の敷地の一角にあるため、こういう表現になったのだろう。

記述は続く。

「夕食会の終わりごろ、日本側出席者が呆然《ぼうぜん》と見つめるなか、ギー・ベアールは天皇に『さくらんぼの実る頃』（Le temps des cerises）を歌ってもらうことに成功した」

ギタリストで、日本では「河は呼んでいる」の作曲で知られるギー・ベアールは、途中から訪日代表団に合流した。大統領専用機は日本に来る途中、ヘルシンキに立ち寄った。このとき、大統領は思い出したように側近に友人のギー・ベアールに日本に来るよう連絡させた。『ヴェルバティム』にはこう書かれている。

「１９８２年４月14日水曜日　…ヘルシンキに立ち寄った時、大統領は『長いこと会っていないから、ぜひとも来てほしい』と、ギー・ベアールに東京で合流するよう電話をかけさせた。彼はギターを手にタキシード姿で東京の空港に降り立った」

大使公邸での夕食会が終わると、出席者らは応接間に場所を移した。ギー・ベアールは日本人にもなじみのシャンソンをギターでつま弾いた。雰囲気が良かったのだろう。興に乗っ

たギー・ベアールは「さくらんぼの実る頃」を一緒に歌いましょうと天皇を誘ったのだ。これが、

「日本側出席者が呆然と見つめるなか、ギー・ベアールは天皇に『さくらんぼの実る頃』を歌ってもらうことに成功した」

との記述である。

歌ったというのがどの程度のことか、いまとなっては不明だが、想像するに口ずさんだというのが本当のところではないだろうか。このシャンソンは日本でもよく知られている。この後のことになるが、宮崎駿《みやざきはやお》監督のアニメ映画「紅の豚」(1992年)のなかでも加藤登紀子《かとうときこ》が歌っている。

私が新鮮な驚きを持ったのは、昭和天皇がシャンソンを歌ったこと以上に「さくらんぼの実る頃」の歌と天皇の組み合わせにあった。

1番はこういう歌詞だ(著者訳)。

私たちがサクランボの季節を歌うとき
陽気なナイチンゲールやヤマツグミは
浮き立つお祭り騒ぎをし

美しい娘たちは狂おしい思いを抱き
恋人たちは心を熱く燃やす
私たちがサクランボの季節を歌うとき
マネツグミはさらに上手にさえずる

歌詞だけを読むと甘美な恋の歌のように思われるが、パリ・コミューンの悲しい思い出と結びついている。

作詩はフランスの銅工職人で、共産主義者だったジャン＝バチスト・クレマン、作曲はパリのオペラ座のテノール歌手のアントワーヌ・ルナール。クレマンは１８６６年に作詩し、この詩を譲り受けたルナールが２年後の１８６８年に曲をつけた。

その３年後の１８７１年３月、普仏戦争の敗北による混乱のなか、パリでは労働者を中心とする民衆蜂起《ほうき》によって革命政府（パリ・コミューン）が樹立される。初の共産主義政権である。政府軍はパリ南郊のヴェルサイユに退くが、やがてプロシア軍の支援を受けて反攻に転じ、革命政府軍をパリ北部へと追い詰めていく。モンマルトルの丘一帯に籠城《ろうじょう》した革命政府軍はそれでも降伏せず、５月の「血の一週間」といわれる大虐殺によって戦いは幕を閉じる。この「血の一週間」を悼み、革命政府を心情的に支持する市民たちが歌い継いだのがこの「さくらんぼの実る頃」なのだ。

この歌と昭和天皇の組み合わせに私が驚いたのは以上のいきさつからである。ミッテラン大統領はシャンソンと天皇の組み合わせをどのように見ていただのだろう。文人の大統領が気付かないはずはなかっただろう。その性格から想像するに昭和天皇に一層の親しみを感じたのではないだろうか。

時を超えた歓待へのお礼

ところで、昭和天皇はなぜ招待を受けたのだろう。当時、天皇はあと12日で81歳になるところで、亡くなる7年前のことである。

フランスは国連常任理事国で、核保有国という国際政治における重要国の一つ。しかしこのことと昭和天皇が招待に応じたことは無関係だろう。政治に関与しないという天皇の立場に政治的判断が入る余地はないからだ。むしろ昭和天皇のなかにあったフランスの存在が大きく作用したのではないかと推測されるのである。

昭和天皇が得意とした外国語は、幼少のときから叩《たた》き込まれたフランス語だった。フランス語は20世紀の前半まで第一の外交用語の地位を保持してきた。またフランスは欧州の宮廷外交の儀礼やしきたりを作ってきた国であり、明治以降、皇室の外国との交流や礼儀作法はフランスのそれを基準にしてきた。宮中の饗宴料理は今日に至るまでフランス料理と決まっており、皇室においてフランスの存在は大きかった。

昭和天皇は皇太子時代の1921年、半年間の欧州歴訪を行っているが、このときに現地での体験を通して形成されたフランス観も無視できないのではないか。

この年の5月末、約20日間の英国滞在を終えた昭和天皇はフランスを訪れる。パリを拠点にフランス各地、さらにはベルギー、オランダにも足を延ばしてまたパリに戻るといった具合に、7月初旬まで滞在する。実滞在日数でいうと英国よりフランスの方が長い。

第一次大戦が終わってまだ3年。フランスは4年間の消耗戦の戦場となり、国土は疲弊しきっていた。フランス政府は第一次大戦を共に戦った日本の皇太子を手厚くもてなし、ヴェルダンなど多くの激戦地視察にペタン元帥やデスペレ元帥など戦争を指揮した軍人に直々に案内させた。

皇太子は敵味方もわからない土饅頭《どまんじゅう》の墓が累々と広がるのを目にし、掘り起こされた白骨死体が馬車で運ばれるところにも遭遇する。繰り返し「実に悲惨の極み」との感想を漏らしていることからもわかるように、この体験は強烈な印象を残した。

昭和天皇がわざわざフランス大使公邸を訪問した背景には、以上のような実体験を通して形成されたフランス観もあったはずである。

高齢の天皇が大使公邸に足を運んでくれたことをミッテラン大統領が深く感謝したことは想像に難くない。恐らく「戦争責任を果たさずにその地位にとどまり続けた君主」というのではない、大統領なりのイメージを摑んでいただろう。この大使公邸でのリターンバンケットを大統領は記憶にとどめて忘れることはなかった。

大統領は今上天皇をフランスに迎えたとき、昭和天皇に受けた歓待の返礼をするのである。

今上天皇がフランスを公式に訪問したのは1994年10月だった。戦後、天皇がフランスを国賓待遇で訪問するのは初めてで、ミッテラン大統領は翌年5月に2期14年の任期を終えて退陣することになっていた。退陣わずか7カ月前という時期に実現したこの訪問には、自分の任期中にぜひとも天皇、皇后両陛下を国賓として招きたいという大統領の思いが込められていた。

1982年に訪問して以降、ミッテラン大統領は1986年の東京での先進国首脳会議（G7サミット）、1989年の「大喪の礼」、1993年の東京でのG7サミットと、計3回来日した。その度に天皇、皇后両陛下（86年は昭和天皇）と懇談する機会をもち、皇室と密な交流を続けていた。

日仏関係も、市場開放など経済問題でギクシャクしていた12年前と比べ、緊密な協力が進展していた。とくに両国が協力して１９９３年に達成したカンボジア和平は大きな成果だった。アフリカのルワンダの平和維持活動（ＰＫＯ）でも両国部隊は緊密に協力した。今上天皇の訪仏はこうした両国の協調関係を祝福する意味合いをも、持つことになった。

両陛下を手厚くもてなしたいというフランス側の意思はそこここに表れていた。両陛下が滞在する迎賓館に、めったなことでは提供しないヴェルサイユ宮殿敷地内にあるトリアノン宮殿を提案した。日本側はパリ市内まで30分かかるため辞退し、エリゼ宮近くにある迎賓館のマリニー宮にしたが、このことはフランスの熱意を感じさせた。

このころミッテラン大統領は前立腺癌《ぜんりつせん》が末期にあり、饗宴でも最後まで座っていられないほどの状態にあった。エリゼ宮が癌を公表したのはこの2年前で、主治医団は「悪性ではなく、治療も難しくない」と述べた。しかし実際には5年前の１９８９年時点で深刻な状況と診断され、食事療法を含めさまざまに手が打たれてきたが、隠しおおせなくなり、公表に踏み切ったのだった。

知り合いのエリゼ宮の料理長が、退職後、ミッテラン大統領任期末のエリゼ宮内部の壮絶な様子を明かしてくれたことがある。大統領は体調不良から終始不機嫌で、「日々の食事」にも「こんなものは食べられない」と大声を上げて、厨房《ちゅうぼう》に突き返す日々が続いたという。「あのころのエリゼ宮は、皆がピリピリしていて、雰囲気は暗かった。大統領は食べても、ほんの少し口をつけるだけでした」

しかし大統領はそんな様子を公的な場では一切見せず、存在感ある政治指導者として振る舞った。両陛下へのもてなしでは、病軀《びょうく》を押して公式の歓迎晩餐会と、3人だけの内輪の昼食会と、2回の饗宴を催した。

10月3日、エリゼ宮で最も大きな広間である「祝祭の間」で、両陛下の歓迎晩餐会が開かれた。出席者は政財官界のほか、文化・芸術・学術など各分野にわたる両国関係者約240人にのぼった。

今上天皇のフランスでの古本屋めぐり

今上天皇は皇太子だった1953年、エリザベス英女王の戴冠式《たいかんしき》に出席するため初外遊をしたが、英国滞在を終えた後、6月9日から21日までの約2週間、フランスに滞在した。またその後もスペインを訪れた帰りにパリに戻り、ベルギーに向かうなど、昭和天皇が皇太子時代にパリを拠点に欧州各国を回ったのと同様の旅程を踏んでいる。

このとき、皇太子のフランス訪問は非公式のものだったが、フランス政府は最初の2日間国賓として遇し、オリオール大統領がエリゼ宮で午餐会を催し、外務大臣が晩餐会を開く手厚いもてなしを示した。エリゼ宮の午餐会のとき、ミッテラン大統領は左派政党の国会議員として出席している。当時、37歳の若さだったが、すでに閣僚を経験し、将来有望な政治家として地歩を築きつつあった。41年後、エリゼ宮の主人として天皇になった皇太子を迎えるとは想像しなかっただろう。

パリ滞在中、皇太子は本屋やセーヌ河畔の古本屋に度々出入りし、フランス語の本を買いつづけている。皇太子の外遊に同行した宮内庁の随員の吉川重国《きっかわしげくに》氏は、外遊の日々を綴《つづ》った『戴冠紀行』（毎日新聞社）でこう書いている。

「殿下は…古本屋で、ちょいちょい、古本を買いあさられる。…（お供は）六時三十分まで三時間半にわたり、殿下もよく本を買われた。時々お金はまだあるかとのお問い合わせ。フランス語の本をこんなに買われ、はたしてどれだけお読みになられるか。ともかく本を蒐集されることはよい御趣味だ、と佐藤氏（同行医師）と話しあった」（カッコ内は引用者）

皇太子はこのフランス訪問のとき、この国の姿かたちを摑んでいる。天皇に即位した後、来日した同国のバール元首相と面会したことがある。このとき、天皇と元首相の間で国のあるべき形について意見が交わされ、当初、20分の予定の面会は45分に延びた。

元首相が

「日本は技術と経済で世界を席巻します」

と語ったのに対し、今上天皇はこう答えたという。

「いや国の基本は地方の豊かさです。貴国は国の基本を備えておられる」

皇太子時代に汽車でパリからスペインに向かう途中、またパリからベルギーに向かう途中、行けども行けども畑が広がる光景を目にしており、このときのことを言ったのだ。

日本の常任理事国入りを支持

エリゼ宮の晩餐会に戻ろう。ミッテラン大統領は歓迎スピーチでかつて天皇が皇太子時代に訪仏したことに触れ、こう述べた。

「仏日両国の歴史で天皇陛下を国賓としてフランスにお迎えするのは初めてのことです。陛下は皇太子時代の１９５３年、エリザベス英女王の戴冠式にご出席になった際、非公式にパリに立ち寄られました。確かにそのとき、私たちは会っておりますが、こうして再びお迎えするのを大変喜ばしく光栄に思っております」

次に大統領は美智子妃の方を向き、こう語りかけた。

「私が初めてフランスの大統領として日本を国賓として訪問したのは12年前です。それ以来、何度も日本を訪れましたが、その度に皇后陛下は心温まるおもてなしを私に示されました。皇后陛下は６日間のフランス国内旅行中、大袈裟《おおげさ》な表現で決してなく、わが国民がいかに皇后陛下のおでましを誇りに思っているか、お感じになるでしょう」

大統領がわざわざ美智子妃に触れたのは、同妃の細やかな心遣いに感銘を受けていたからにほかならない。美智子妃が抜群の記憶力をもっていることは知られている。前に会った人のことは細部に至るまで覚えていて、再び会ったときにそのことに触れ、すっかり忘れていた当人を驚かせるということがよくある。

後にミッテラン大統領を引き継いだシラク大統領夫妻も美智子妃の心遣いに魅せられている。ベルナデット・シラク夫人がフランスで第三者に美智子妃のことを語るとき、「ミチコが、ミチコが」と親愛の情をこめて呼んでいた。

ミッテラン大統領のスピーチはこの後、両国の協力関係に入った。関係が進展していることに歓迎の意を示した後、こう続けた。

「国連安保理改革の一環として、日本が常任理事国の席を保有すべきだと考えます。…我々は日本を必要とし、日本は世界を必要とします」

日本側からすると天皇は政治にかかわらないので、生々しい国連改革の話をされても聞き流すしかない。一方、フランスも天皇が政治には関与しないことは知っている。それでも天皇、皇后両陛下の歓迎宴の席で、あえて日本の国連安保理常任理事国入り支持を明言することで、対日重視の姿勢をより効果的に示そうとしたとみられる。いかにもフランスらしいパフォーマンスだ。

最後に日本国民と両陛下の健康を祝して杯を挙げ、全員が起立してこれにならった。

続いて天皇が答礼のおことばを述べた。

「ミッテラン大統領の訪日以降、両国の友好・協力が進展していることは誠に喜ばしく思っております」

と述べた後、日本の学制はフランスの制度を参考に1872年に発布されたこと、文化を重んじ、生活のなかに美を求めるという基本的な在り方において、両国が共通なものを有していることなど、学術・文化面での日仏の協力や類似性に触れた。最後にミッテラン大統領とダニエル夫人、そしてフランス国民の幸せを祈って杯を挙げた。


この夜のメニューは次のようなものだった。

ホタテのソテー、温製の牡蠣《かき》添え
仔鴨の胸肉のポワレ、蜂蜜《はちみつ》風味、いちじく添え
野菜のシャルトルーズ仕立て
チーズ
イチゴのパイ包み

シャサーニュ・モンラッシェ　1985年（マルキ・ド・ラギッシュ社、ドルーアン社）
シャトー・ラトゥール　1978年
ドン・ペリニョン　1985年（モエ・エ・シャンドン社）

このころエリゼ宮の厨房には約30人の料理人がおり、料理長のジョエル・ノルマン氏が全体を仕切っていた。ノルマン氏は1944年生まれで、当時50歳。高校時代にレストランで修業して料理の世界に入り、21歳のとき、下働きとしてエリゼ宮の厨房に採用された。腕を見込まれ、間もなく料理次長に引き上げられ、1984年に引退した前任を引き継いで料理長となった。

同氏とは私がパリ特派員時代の90年代初め、エリゼ宮の厨房を取材したのを機に知り合い、時折、食事に招いたりして、エリゼ宮の饗宴の舞台裏の話を聞いていた。このときの料理については、

「仔鴨《こがも》に蜂蜜《はちみつ》ソースを塗りながら焼き上げた。ソースには醤油《しょうゆ》が使われている」

と説明してくれた。

乾杯とデザートのシャンパンは祝宴によく使われるドン・ペリニョン。白ワインはブルゴ

ーニュ地方でマルキ・ド・ラギッシュ社が所有する極上畑のブドウでドルーアン社が醸造した。赤はボルドーの最高級5大シャトーの1本、シャトー・ラトゥール。

ワインリストを眺め、20年前のこのころ、エリゼ宮は国賓に対して最高級ワインを出していたのだと改めて思わざるを得ない。緊縮財政のいまでは「節約は隗《かい》より始めよ」とばかりに、国賓に対しても最高級ワインは出さず、出してもせいぜいが2番手か3番手なのだ。

最高のワインで3人だけの午餐

晩餐会は和気藹々《あいあい》と進んだが、なごやかな空気が一瞬止まったのは、デザートが出たときだった。ミッテラン大統領が1人立ち上がってこう言ったのだ。

「両陛下には申し訳ありませんが、一足先に退出させていただきます」

末期癌の大統領には最後まで付き合う余力は残されていなかった。このころになると大統領は毎回、饗宴を途中退席するのが普通になっていた。大統領は激務の合間にエリゼ宮で放射線治療や点滴を受けていて、公の場に現れる度に頬はこけ、薄い頭髪はさらに薄くなっていた。病との闘いが容易ならざる段階にきていることは周知の事実だったが、周りは何ごともないかのように振る舞った。

側近に付き添われて大統領が広間を後にすると、再び和やかな談笑のさざめきが戻った。

食事が終わると、両陛下と招待客らは隣接する「冬の庭の間」に場を移して食後酒を飲みながら歓談したのだった。

５日夜、両陛下は日本大使公邸で答礼のレセプションを催した。翌日から両陛下はフランスの地方を回ることになっており、国賓としての訪問はこの日で終わる。このためお世話になったことへの答礼として、日仏各界の人を招いてレセプションを開いたのだ。

ここに体調のすぐれないミッテラン大統領が出席した。昭和天皇がフランス大使公邸に足を運んだことへの返礼であることは明白だった。12年前のことを忘れることなく記憶にとどめていたのだ。いかに大統領がそのことを恩義に感じていたか、である。

大統領はしばらく両陛下や参加者と歓談した後、側近に支えられるようにして大使公邸を後にした。高齢の昭和天皇がフランス大使公邸を訪れる姿と、末期癌の大統領が日本大使公邸に足を運ぶ姿が二重映しになる。あのとき、昭和天皇は81歳、12年経ってミッテラン大統領は77歳。ほぼ同じ年齢である。

当時、駐仏大使だった松浦晃一郎《こういちろう》氏（後に国連教育科学文化機関＝ユネスコ＝事務局長）はこう振り返る。

「大統領が出席するとの返事が届いたのは、レセプション当日か、少なくともその前日で、極めてショートノーティス（引用注：直前の連絡）でした。最初に公邸の２階で両陛下と大統領に懇談していただき、私も同席しました。懇談は20分ほどで、フランスの印象など世間話でした。そのあと1階のレセプション会場に降りて、来客に合流しました。大統領はしばらくいて帰られましたが、痩せて、いつものように顔色は悪かったですが、憔悴している様子はなかったです」

今上天皇、皇后とミッテラン大統領の交流は翌6日にもあった。大統領は地方に行く両陛下のために3人だけの私的な午餐会を催したのだ。同大統領が国賓を私的な食事会に招くのは極めて稀《まれ》なことだった。

ところで両陛下の地方視察では、日本側は天皇の希望に基づきボルドーを予定していた。銘醸ワインの産地として知られたところだ。しかし準備段階の両国の協議で、フランス側は南西部のトゥールーズにあるエアバス社をぜひとも視察してほしいと要望した。

日本はまだエアバス機を1機も購入しておらず、この訪問を契機として日仏経済関係を動かしたいとの思惑がフランス側にはあった。フランスは科学立国であることを知ってもらいたい狙いもあったようだ。強い要望に日本側は折れ、その代わりトゥールーズからほど近いアルビの町を旅程に加えた。

アルビの旧市街は中世のレンガ造りの街並みが保存され、アルビ生まれのトゥールーズ＝ロートレックの美術館がある。この旅程を考えたのは松浦氏で、両陛下は大変喜ばれたという。ちなみにアルビは２０１０年、ユネスコの世界遺産に登録された。
さて、フランスの歴史上の人物の肖像画が飾られていることから「ポルトレの間」と呼ばれる小ぶりな広間で行われた午餐会は、ダニエル夫人は体調がすぐれずに欠席し、３人のほかは日本側の通訳が１人と、部屋の隅に執事長が控えるだけだった。午餐会とはいえ、極めてインフォーマルな内輪の食事会だった。

ブルターニュのオマールエビの野菜添え
仔羊の腿《もも》のパイ包み
ふかしポテトのパセリ風味
チーズ
ヌガーのアイスクリーム、蜂蜜風味
ル・モンラッシェ　１９８５年（ブシャール・ペール＆フィス社）
シャトー・ムートン・ロートシルト　１９６６年
クリュッグ　マグナム（クリュッグ社）

目を引くのはワインである。白はブルゴーニュ地方、赤はボルドー地方の、いずれも最高級。特に赤は素晴らしい年で、シャンパンはエリゼ宮でもめったに出ないクリュッグというここぞという一本である。しかも普通のボトル（750ミリリットル）の2倍容量のマグナム。ゆっくり熟成するから安定した内容を得られる。

オマールエビにル・モンラッシェの組み合わせは美食の定石を踏んでいる。仔羊にシャトー・ムートン・ロートシルトもぴったりだったと思われる。

実はミッテラン大統領はこの午餐会で、執事長のパトリス・ギヨーム氏に、

「フランスワインの素晴らしさを両陛下に味わってもらうために、何がいいか考えてほしい」

との宿題を出した。同氏は迷った末に、この白と赤を選んだのだ。とくに赤は1966年と屈指のヴィンテージ・イヤー。飲んだ時点で28年たっているが、同氏が試飲したところやっとピークに差し掛かったところだったという。

豊かな料理とワインの組み合わせ。3人が食事を楽しみながら、言葉を交わし、心を通わせている様子が浮かんでくる。

両陛下は前日、大統領がわざわざ答礼レセプションに出席してくれたことにお礼を述べた。美智子妃が大統領の体をいたわり

「おかげんはいかがですか」

と尋ねると、大統領は右腕に力こぶを作るしぐさをしながら
「私は癌には負けません」

と意気軒昂《けんこう》に語った。

食事中、3人の間ではどのような会話が交わされたのだろう。その場にいた人は、

「話を聞いていて、思わず涙が滲《にじ》みました」

と言うだけで多くを語らないが、想像するに昭和天皇の想い出が話題の1つだったのではないだろうか。

化学兵器禁止国際会議の冒頭、居並ぶ各国代表を前に、昭和天皇に黙とうをささげることを提案したこと。昭和天皇に批判的な論調があるなか、自ら「大喪の礼」出席を決めたこと。そして今回、今上天皇の答礼レセプションに出席して昭和天皇のときの返礼を果たしたこと。これらを考え合わせると、ミッテラン大統領には昭和天皇の印象が深く刻印されていたように思われる。

大統領は両陛下にフランス大使公邸の夕食会での昭和天皇の想い出を語り、ギターに合わせて昭和天皇が参加者と一緒にシャンソンを歌ったことにも触れたかも知れない。

食事が終わると、エリゼ宮の玄関まで出てミッテラン大統領は両陛下を見送った。癌の体

を押して都合3回、両陛下と食事などひとときを共にした。大統領になって計5回、3人は会ったが、これが最後となった。

ミッテラン大統領は1995年5月、大統領職をシラク氏に譲って退任。1996年1月8日、79年の生涯を閉じた。両陛下との最後の出会いから15カ月後だった。

第3章　皇室外交の要としてのおことば

オランダの反日感情を融和した両陛下

オレンジにライトアップされた東京タワー

オランダのウィレム・アレクサンダー国王とマキシマ王妃が2014年10月28日から31日まで国賓として来日した。

国王はこの前年2013年4月30日、ベアトリックス女王の退位に伴い新国王に即位した。オランダ王室は長年、女王が続いており、国王の登場は1890年以来だった。首都アムステルダムの教会でとり行われた即位式には、王室を戴《いただ》く国の王族や、各国政府代表が出席し、日本からは皇太子と雅子妃が参列した。雅子妃の公務での外国訪問は2002年のニュージーランド、オーストラリア公式訪問以来11年ぶりだった。

国王は国賓としては初来日だが、皇太子として1988年以降、15回以上も来日している。ときには単独で、ときにはベアトリックス女王に随行してと、日本の皇族とは旧知の間柄だった。国王になって1年半。欧州域外では最初の訪問国に日本を選んだのは、皇室との間で築いてきた信頼関係と無縁ではないだろう。

日本も新国王を手厚くもてなした。滞在中、国王と王妃のために3つの饗宴《きょうえん》が催された。まず10月29日の宮中晩餐会《ばんさんかい》、翌30日には御所での天皇、皇后両陛下の私的な昼食会。その夜は、元赤坂の迎賓館での安倍晋三首相主催の晩餐会だ。

宮中晩餐会の29日、東京タワーは午後5時前の日没から午前零時までの7時間、オランダ国旗の青白赤の3色と、王室カラーのオレンジで特別ライトアップされた。

「オランダ大使館から『ライトアップができないだろうか』とお話がありました。東京タワーとオランダ大使館はお隣さん（住所は同じ東京・港区芝公園《しばこうえん》）なので『せっかくだからやりましょう』とお受けしました。この4月にオバマ米大統領が来日したときに続き2回目です」

と、日本電波塔（東京タワー）総合メディア部は語っている。

皇居・宮殿の豊明殿で開かれた歓迎晩餐会には、両陛下のほか、皇太子ご夫妻をはじめとする皇族、安倍晋三首相ら163人が出席した。長期療養中の雅子妃が宮中晩餐会に出席したのは、メキシコ大統領を迎えた2003年10月以来11年ぶりだった。お世話になったオランダ王室に感謝の気持ちを表したいとの思いがあったのだろう。

この晩餐会は日蘭の皇室と王室の交流の、新たな出発を画すイベントでもあった。天皇と美智子妃にとって、当時47歳のアレクサンダー国王は我が子も同然だった。両陛下がベアトリックス王女（まだ女王ではなかった）と交流を始めたとき、王女はまだ独身で、その後、クラウス殿下と結婚し、アレクサンダー皇太子が誕生した。

以来、折々に皇太子は来日し、両陛下はその成長を見続けてきた。そして今宵《こよい》、初々しい青年だった皇太子を国王として迎え、祝宴を催す。両陛下にとってオランダ王室との長い交流を改めて振り返る機会でもあり、感慨もひとしおだったはずである。
この日のメニューである。

清羹《せいかん》
甘鯛《あまだい》牛酪焼
羊腿《もも》肉蒸焼
サラダ
アイスクリーム
果物

コルトン・シャルルマーニュ　1999年
シャトー・ラトゥール　1994年
ドン・ペリニョン　1998年

白ワインの〈コルトン・シャルルマーニュ〉は仏ブルゴーニュ地方の最高級、赤の〈シャト一・ラトゥール〉も仏ボルドー地方メドック地区の最高級の1つ。乾杯のシャンパンもいつもの祝宴のときの銘柄だ。

この晩餐会で私が注目したのは、天皇の歓迎のおことば以上にウィレム・アレクサンダー国王の答礼スピーチだった。

これまで天皇とベアトリックス女王は、国賓訪問の晩餐会の度に、推敲《すいこう》に推敲を重ねたであろうおことばとスピーチをもって、両国のノドに刺さった歴史問題の骨を抜くことに努力を傾けてきた。阿吽《あうん》の呼吸と言ってもいい。この女王のスタンスがウィレム・アレクサンダー国王にどう受け継がれたのか、私は注目していた。

ただ国王のスピーチに入る前に、戦後の皇室とオランダ王室の交流がどのようなものであったか、その変遷を見ておきたい。

戦後のオランダの激しい反日感情

戦後の皇室とオランダ王室の交流は１９５３年に始まった。まだ20歳の明仁《あきひと》皇太子はこの年、欧米歴訪を行い、6月、エリザベス英女王の戴冠式《たいかんしき》に昭和天皇の名代として出席した。このあと、フランス、イタリアなどを回り、ベルギーを経由して列車でオランダのハーグに入ったのは7月27日だった。

翌28日、ハーグの宮殿でユリアナ女王（在位1948〜80年）が主催した午餐会に出席した。随員として皇太子の歴訪に随行していた宮内庁の吉川重国氏の記録（『戴冠紀行』）にこうある。

「殿下（皇太子）は女王陛下と夫君ベルンハルト殿下に別室で会われ、陛下（昭和天皇）のお言葉を伝えられ、御贈進品について話をしておられると、食前酒のシェリーとホワイト・ワインをもってきた。食堂ではクィーン（女王）の右に殿下（皇太子）、左岡本（季正《すえまさ》）大使（駐蘭日本大使）、プリンス（ベルンハルト殿下）の右が岡本大使夫人…。きわめて内輪の午餐会であった」（カッコ内は引用者が補足）

ここにあるように、午餐会といっても本当に内々の食事会だった。皇太子とベルンハルト殿下はともに2カ月前、ロンドンで行われたエリザベス英女王の戴冠式に出席し、レセプションで何回かあいさつを交わしていた。その親しみもあったのだろう、食後、自分の自慢のイタリア製の車を皇太子に見せたという。

翌29日の夕方、ベルンハルト殿下がふらりと宿舎のホテルを訪れ、皇太子と歓談している。ベルンハルト殿下は当時40歳。乗馬を得意とした。長女のベアトリックス王女はまだ15歳の女学生で、このオランダ訪問のとき、皇太子は会っていない。

第二次大戦の緒戦、日本軍がオランダが植民地としていたインドネシアを占領し、多くのオランダ兵と民間人を強制収容所に抑留したこともあって、オランダの人々の日本に対する感情は良くなかった。吉川氏は到着したハーグ駅から車で宿舎のホテルに向かう途中の様子を先の記録にこう書いている。

「停車場からホテルまで、白いヘルメットの…兵隊が九台のオートバイでお車を警護する。オランダの対日感情が悪いことは予《かね》て聞いていたが、一般民衆は手を振ってお車を迎える者もあり、ほっとする。ホテルには入口に正装の儀仗兵が二名立ち敬礼する」

皇太子一行はオランダに5日間滞在し、首都アムステルダムや貿易港ロッテルダムにも足を延ばし、ダイヤモンド工場を見学し、美術館ではゴッホやレンブラントの絵を鑑賞した。外務大臣や市長らの歓迎の食事会も昼、夜とつづいた。嫌な思いをまったくしなかった。

「最初予期していたよりはるかに気持ちのよい歓迎を受け、不愉快なことは少しもなかった」

と吉川氏はオランダを離れる前に書いている。

デモ隊に囲まれたホテル

この18年後の１９７１年、訪欧した昭和天皇がオランダに立ち寄ったとき、大々的なデモに見舞われた。両陛下の乗った車のフロントガラスは投げられた魔法瓶でヒビが入った。卵も飛んできた。また両陛下が宿泊したホテルはひと晩中、デモ隊に囲まれた。

明仁皇太子のときは終戦からまだ8年なのに、なぜ昭和天皇のような抗議デモが起きなかったのだろう。欧米では日本の戦争の最高責任者は「ヒロヒト」の名前で記憶されており、20歳の青年には責任はないというオランダ人のプラグマティックな考えもあったと思われる。

オランダの王族が初めて日本を訪問したのは皇太子訪問の9年後の1962年、ベアトリックス王女だった。王位継承第1位で、次期王女の立場にあった。しかしこのときは予期せぬ出来事で、当初予定されていた国賓としての訪問が非公式の立ち寄りになった。

王女が日本に先立ち訪問したタイで、ウィルヘルミナ前女王（在位1890～1948年）が亡くなったとの報が入り、王女は急逝《きゅうきょ》、帰国することになったからだ。北極回りで戻る王女は、羽田空港での乗り換えの時間を利用して、昭和天皇、香淳《こうじゅん》皇后へのあいさつに皇居を訪れた。

このとき昭和天皇はウィルヘルミナ前女王逝去に際してのお悔やみを王女に伝えるとともに、前女王の思い出を語った。昭和天皇は裕仁《ひろひと》皇太子時代の1921年、欧州歴訪の一環でオランダを訪れており、このときウィルヘルミナ女王の大歓迎を受けたからだ。

1921年の6月15日、裕仁皇太子一行はアムステルダム駅に到着した。王宮までの道筋には身動きできないほど多くの人々が出て歓迎した。皇太子には王宮が宿舎として提供され、その夜はウィルヘルミナ女王主催の大晩餐会が開かれた。

女王は歓迎のスピーチで

「出島にて結ばれたる関係をして益々増進発展せしむること得せしめたり」

と述べ、答礼で皇太子は

「我国に於ける西洋文明の先導者として数世紀に亘《わた》り日本上下の間に深き印象を与えたる」

と感謝を表明した。

皇太子は６日間、オランダに滞在し、アムステルダム近郊のダイヤモンド工場や、ロッテルダム、ハーグを訪れた。32年後、明仁皇太子はほぼ同じ行程を辿《たど》っている。

皇居に立ち寄ったベアトリックス王女と昭和天皇、香淳皇后の話し合いには、明仁皇太子と美智子妃が同席した。皇太子夫妻は３年前に結婚したばかりで、これが夫妻とベアトリックス王女の交流の始まりとなった。

実は美智子妃は結婚前の１９５８年、オランダを単身訪れている。美智子妃の実家の正田家と当時の駐オランダ日本大使夫妻が懇意にしており、「皇太子との結婚のことを静かに考えたい」という美智子妃を、ハーグ郊外の大使公邸に迎えたのだ。

偶然だが当時、私の父はハーグの日本大使館に勤務しており、美智子妃を囲む館員夫人だけの集まりを大使夫人が公邸で開いたとき、母が出席した。帰宅した母が「美しい素敵な女性だった」と語った言葉を覚えている。美智子妃は1週間近く滞在したのではないだろうか。結婚の申し込みを受けるかどうか、最終的な考えをまとめるために訪れたオランダは、美智子妃にとっては忘れがたい国だっただろう。

翌1963年、仕切り直しの訪問が実現する。ベアトリックス王女は独身の25歳。日本は国賓として招いた。羽田空港には皇太子夫妻が出迎えた。この2年前には英国のアレクサンドラ王女も国賓として日本に迎えられている。この時期、第二次大戦で日本と交戦国だった欧州の国の王室は、王族を差し向けることで、大戦前まで続いていた皇室との交流を再開し始めた。

ベアトリックス王女は元首ではないため、晩餐会で国を代表してスピーチすることはなかった。昭和天皇の歓迎のおことばに対して、王女は答礼スピーチでこう簡潔に述べている。

「今夕、天皇、皇后両陛下のお招きを受けましたことは、わたしの深く喜びとするところであります。ご列席の皆さんとともに杯を挙げて、両陛下のご多幸と日本国民の繁栄を祈りたいと思います」

招待へのお礼と、両陛下と国民への祝辞だけで、のちに課題となる日蘭の歴史問題はここでは一切触れられていない。日本滞在中、皇太子夫妻はベアトリックス王女を歌舞伎に招待し、東宮御所での午餐に招いた。3人はまだ20代だった。

世界王室との家族ぐるみの交流

20世紀初頭、世界には約百カ国の君主国があった。これが革命や政変などによる体制転換で減りつづけ、21世紀に入るころには約30カ国（英女王を元首とする英連邦は除く）に減った。これらの君主国のなかで、絶対君主制であるアラブの一部の国を除く立憲君主国グループは、政府とはまた別のレベルで交流と交際をつづけてきた。

皇室の場合、欧州では英国、オランダ、スウェーデン、スペイン、ベルギー、デンマークなどの王室、北アフリカ・中東ではモロッコやヨルダンの王室、アジアではタイ、マレーシアなどの王室などと行き来があった。なかでも欧州の王室やタイ王室とは、戦前から交流がつづいている。

この立憲君主国グループの交流を特徴づけるものは、国によって濃淡はあるが、「家族ぐるみ」であることだ。「家族ぐるみ」ということは、交流に人間的要素が濃厚にかかわるとともに、関係が世代にわたって引き継がれることでもある。

オランダ王室との関係でいうなら、昭和天皇はウィルヘルミナ女王と、その孫のベアトリックス王女、さらにはその息子で、のちに国王となるアレクサンダー皇太子と会っている。ベアトリックス女王の先代のユリアナ女王とは戦争を挟んだこともあり会っていないが、明仁皇太子がオランダを訪問した際、同女王のもてなしを受けたことに対し、お礼の電報を打っている。

これは元首（大統領）が一定期間だけ選挙で選ばれ、任期が来ればその地位を下りざるを得ない共和制と大きく異なる点だ。家長とでもいうべき元首である天皇と国王（女王）の国賓訪問はそう頻繁には行われないが、皇族と王族はさまざまに行き来し、来訪すれば家長（君主）がもてなしの饗宴やお茶会を持ち、世代を超えた交際が維持される。

とくに皇位、王位の継承者である皇太子や王女にとって、相手方の家長（君主）のもてなしを受け、親しく会話を交わし、その言動に触れることは、相手国を理解し、また君主とはどうあるべきかという帝王学を学ぶ貴重な機会となっているように思われる。

1つの好例を、昭和天皇が皇太子時代に欧州歴訪を行った際、英国の国王ジョージ5世から手厚いもてなしを受けたエピソードに見ることができる。約20日間の英国滞在中、ジョージ5世は晩餐会など公的なスケジュールとは別に、ファミリーの一員として皇太子を迎え入れ、立憲君主のあり方などについてさまざまな示唆を与えた。後に昭和天皇はこのときのことを振り返り、

「英国の王室は私の第2の家庭だ。ジョージ5世陛下の慈父のような温かいもてなしの数々は終生忘れることができない」

と述べている。

ベアトリックス王女は昭和天皇をどのように見たのだろう。初めのころ、王女は必ずしもいい印象をもっていなかったのではないだろうか。欧州で巷間《こうかん》伝わっていた戦争の最高責任者「ヒロヒト」のイメージは当然あっただろうし、インドネシアから引き上げてきた植民者たちから乱暴な日本軍の話も聞いていたはずだ。

それが訪日を重ね、昭和天皇のもてなしを受け、皇太子夫妻と親交を重ねていく過程で、日本や昭和天皇に対する認識を変えていったのではないかと私は想像する。日本の発見と言っていいだろう。その最たる証左は、王女が頻繁に日本を訪れ、皇太子夫妻と交流を深めるようになったことである。関心を持たなければ、そんなに来ることはない。

国賓として訪問した翌年の１９６４年は東京五輪である。ベアトリックス王女は父ベルンハルト殿下に同行して、五輪開会中にまたまた来日した。３年つづいての訪日で、１国の王族としても珍しい。昭和天皇は晩餐会を催し、皇太子と美智子妃も出席している。

この2年後、王女はドイツ人外交官のクラウス殿下と結婚。大阪万博の年の１９７０年、初めて夫妻で来日した。１９７７年には中国訪問の帰途、立ち寄った。70年と77年のいずれも、皇太子と美智子妃は夫妻を東宮御所に招き、晩餐を一緒にしながら打ち解けたひとときを過ごしている。クラウス殿下は１９２６年生まれで歳は少し離れているが、他の３人は１

930年代生まれのほぼ同世代。時代感覚や戦争への思いなどに共通したものがあったはずである。

皇太子夫妻は1979年に昭和天皇の名代としてルーマニアとブルガリアを訪問したが、この往路、オランダに立ち寄った。金曜日の夕方に到着し、その夜はユリアナ女王が王宮で晩餐会を催した。ベアトリックス王女が訪日すると、昭和天皇が歓迎宴を開くことへの返礼でもあったのだろう。

土曜日は首都アムステルダムから東に90キロのヘット・アウデ・ロー御用邸で、ベアトリックス王女、クラウス殿下一家と一晩を過ごした。アレクサンダー皇太子は12歳の少年で、両夫妻が御用邸から馬車で野生の動物を見に行くと、アレクサンダー皇太子と弟がポニーに乗ってトコトコついてきた。

次の日は日曜日。午前、両夫妻はヘリコプターで干拓地を視察した。狭い国土のオランダは、湖沼をせき止めて干拓地を作り、農耕地を広げる事業に国を挙げて取り組んでいるところだった。午後、皇太子と美智子妃はルーマニアに向かったが、楽しい2泊3日だったはずである。

一緒にくつろいでいるとき、両夫妻の間ではどのような会話が交わされたのだろう。ともに将来の皇位、王位の継承者として、国や国民に対する責任、国同士の友好に自分たちはどのような役割を果たせるのか、皇太子と王女が共通する関心をもっていたことは容易に想像できる。

とくに日蘭の間には歴史問題があった。打ち解けた雰囲気のなかで、両夫妻は両国の歴史問題について、思いや考えを交わしたのだろう。あとで触れるが、ベアトリックス王女が女王となって国賓として来日した際、天皇はおことばのなかでこのことを明かしている。

オランダ人はプラグマティックで、論理的で、自分の思ったことや好き嫌いはキチンと口にする気質だ。情緒的になったり、相手に悪感情を与えるからと、オブラートに包んだもの言いになる日本人とは異なり、できないことはできないとハッキリ言う。

両夫妻がいろいろ考えや意見を交わしただろうと想像するのは、王女の「良きことのためにはどうしたらいいか」というオランダ人のプラグマティックな思考方法が、両夫妻の会話をより突っ込んだものにしただろうと思うからだ。とくに王女は完璧《かんぺき》主義者で知られていた。曖昧《あいまい》にごまかしたり、うやむやにすることが嫌いな性格だ。

オランダ人引き揚げ者の鬱屈《うつくつ》した感情

オランダ人引き揚げ者の日本に対する恨みに日本人が気づいたのは、先に触れた1971年の昭和天皇のオランダ訪問のときだった。この年、昭和天皇は欧州7カ国を歴訪した。英国、デンマークなどでも抗議行動やデモがあったが、一番激しかったのがオランダだった。『昭和天皇実録』がその様子を伝えている。

「お召自動車が（オランダの）ハーグ市内に入った午後4時30分頃、車体に液体入り魔法瓶が投げつけられるという事件が起きる。魔法瓶はフロントガラスに当たるが、防弾ガラス付きのものであったため外側に亀裂《きれつ》を生じさせたにとどまり負傷者はなかった。…同夜、日本国大使公邸にお立ち寄りの際、…この度の事件は大したことではないが、大きく取り扱われて両国関係に悪い影響を与えることのないよう同行記者団によく話しておくようにとのお言葉がある」（1971年10月8日。カッコ内は引用者）

オランダ滞在中、日本大使公邸にはレンガが投げ込まれた。昭和天皇はこう詠んでいる。

戦にいたでをうけし諸人のうらむをおもひ深くつつしむ

このオランダの一件は日本に大きなトラウマとして残り、「オランダは難しい」「天皇陛下は簡単にはオランダを訪問できない」との思いを強く抱かせることになった。

大戦前、日本はABCD包囲網と呼ばれた経済封鎖を受けた。A（米）、B（英）、C（中）、D（ダッチ＝蘭）で、日本はこの4カ国と戦火を交えた。戦後、米、英、中国と天皇訪問が実現しながら、オランダが最後まで残ったのはこのトラウマがあったためである。

その後も、オランダを訪問した日本の首相が植樹をすると、翌日には抜かれたり、切られた株に塩酸がかけられるということが相次いだ。

日蘭の歴史問題の特徴は、相互の認識ギャップである。日本にとってオランダは、江戸《えど》の鎖国時代、世界への窓口となって文物や知識、情報をもたらしてくれた国であり、チューリップと風車の国でもあり、土地は海抜より低いところにあることも知っている。日本人は好印象をもっている。

しかしオランダの普通の人たちは、江戸時代に両国の間で通商関係があったとはほとんど知らない。人々が日本の存在をハッキリと認識したのは、第二次大戦の緒戦で、オランダの植民地だったインドネシアが日本軍に占領されたのがきっかけだった。

占領中、オランダの婦女子を含む約9万人の民間人と、約4万人の戦争捕虜と軍属が強制収容所に収容されたが、食糧不足や風土病で約2万2000人が亡くなった。死亡率は約17%に上り、これはシベリア抑留で亡くなった日本人捕虜の死亡率（約12%）より高い。

第二次大戦後、オランダ植民者は一切合財を失って引き揚げた。しかしオランダ政府は本国のユダヤ人住民やロマが大戦中ドイツ軍から受けた被害には手厚く補償したが、引き揚げ者には何の補償もしなかった。

これは引揚者の間に「自分たちは見捨てられた」「政府から冷たい仕打ちを受けた」との鬱屈《うっくつ》した感情を植え付け、日本への恨みをより深いものにしたといわれる。政府が謝罪の意味もあって引揚者に一時金（1人当たり25～30万円）を支払ったのは2001年になってからである。

1980年、ユリアナ女王の退位に伴いベアトリックス王女が女王の座に就いた。明仁皇太子、美智子妃との関係からも、ベアトリックス女王が早い時期に日本を国賓として訪問したいと思ったとしても不思議ではない。ただ女王は難しい立場にあった。

オランダには右の王制派と左の共和派の2つの政治的流れがあり、インドネシアからの引き揚げ者の多くが王制派に属した。それだけに女王は引き揚げ者たちの声を忖度《そんたく》せざるを得ない立場にあった。1987年に予定されていた訪問は計画が事前に漏れ、オランダ国内での強い反対で中止に追い込まれた。

このころには、日本が友好関係をもつ西側主要国で、国賓訪問が実現してないのはオランダぐらいになっていた。皇室と王室は緊密な交流を続け、政治、経済、文化関係もそれなりに良好なのに、人々、とくにオランダの世論の対日認識が厳しく、最高レベルで友好を確認する国賓訪問をなかなか実現できないジレンマが両国間にはあった。

1989年の昭和天皇の死去に伴う「大喪の礼」では、オランダは国内の反対論の根強さを考慮して王族の派遣を見送り、外務大臣の派遣にとどめた。王室の国で王族の派遣を見送ったのはオランダだけだった。第2章でも記したが、ベアトリックス女王は皇太子夫妻に手紙を送り、

「両国関係のためには、あえて自分が出席しない方が良いと判断しました」

と事情を説明している。無理に訪問しても、いい結果にはならないと判断したのだ。その代わり、１９９０年の明仁皇太子が天皇となった「即位の礼」では、ウィレム・アレクサンダー皇太子を送った。

ベアトリックス女王が政府を通じて、密《ひそ》かに日本訪問の打診を始めたのは、皇太子夫妻が平成の代の天皇、美智子皇后となった１９８９年の夏だった。両国政府は入念に準備をし、１９９１年10月に国賓訪問が実現する。

クラウス殿下は病気で訪日を断念したが、女王は代わりにアレクサンダー皇太子を同行させた。万一の事故などを考えたとき、女王と王位継承第1位の者が一緒に旅行するのはリスクが大きく、ふつうはしない。しかし女王は１人では礼を失すると考えたという。

このときのことを、天皇はこう歌に詠んでいる。

若き日に知り親しみしオランダの君なつかしく迎へ語りぬ

「おことば」はどのようにして作られる？

歓迎晩餐会が10月22日に催されたが、天皇のおことばと女王のスピーチに入る前に、おことばはどのように作られるのか述べておこう。

天皇のおことばは外務省が基本的な考えをまとめ、政治レベルに上げて政府案を作る。それに天皇が目を通して最終的なものにする。その基本構成は、日本と賓客の国の歴史的な関係から説き起こし、天皇のその国への思いなどを織り交ぜながら、今日の良好な関係をたたえ、未来に向けて両国関係をさらに発展させようと結ぶ。

政治にはかかわらない天皇の立場から「責任を痛感する」「深く反省する」といった政治、外交上の用語は使われない。それでも歴史問題などでは、誠意ある表現で自分の思いを伝えようとする。

おことばと相手方のスピーチを事前にすり合わせすることは、ふつうはない。しかし稀《まれ》にはある。

元外務次官の故村田良平《むらたりょうへい》氏が駐ドイツ大使だった1993年9月、天皇、皇后両陛下が国賓としてドイツを訪問した。このとき村田大使はドイツ側とともに、ワイツゼッカー独大統領の歓迎スピーチと、天皇の答礼のおことばの整合を図った。

同じ第二次大戦の敗戦国として、歴史問題にどう触れるかすり合わせをしておこうとの狙いだった。

ただ歴史問題で両国の立場は違う。日本は大戦前、朝鮮半島を植民地にし、中国大陸を侵略した。一方のドイツは、ユダヤ人約５００万人の虐殺という言い訳のきかない史実を抱える。今回、ドイツはホスト国、日本はゲスト国という違いもある。

晩餐会はボン郊外のアウグスツスブルク宮殿で開かれることになっており、村田大使は大統領府長官との間で文言の詰めを行った。ワイツゼッカー大統領は立場上、ドイツが犯したユダヤ人虐殺を含む大戦の誤りに触れないわけにはいかないとして、歴史問題をこう述べることになった。

「私どもは過去が『起こらなかったこと』とすることはできません。私どもが過去を受け入れ、歴史の教訓として胸にとどめてこそ、将来の挑戦に対応できるのです」

これに対応した天皇陛下のおことばは、欧州地域の戦争は基本的に日本とは関係なかったとの立場から、ドイツが統一されたことへの祝意を中心に述べた。

実際にはこの部分を、天皇はこう述べた。

「多くの命が失われた先の大戦後も世界は冷戦という現実のなかを生きてまいりました。しかし冷戦の終結を象徴するベルリンの壁の崩壊により貴国は統一されました。この偉業を達成されたことに心から祝意を表したいと思います。…われわれは過去の教訓を生かすとともに未来に向けて責任を自覚し歩み続けることが重要です。民主主義国家に属する貴国とわが国は国際社会でこのような努力を重ねていくことができると信じます」

天皇は「過去の教訓を生かし…未来に向けて責任を自覚する」という部分で、歴史問題を踏まえたとも言える。

韓国の全斗煥《チョンドファン》大統領が1984年9月、韓国の大統領として初めて国賓で訪日したときの晩餐会のお言葉で、昭和天皇が歴史問題に触れ、遺憾を表明した行《くだり》は、作成過程から中曽根《なかそね》康弘《やすひろ》首相が主導したと言われている。この部分を昭和天皇はこう述べた。

「今世紀の一時期において、両国の間に不幸な過去が存したことは誠に遺憾であり、再び繰り返されてはならないと思います」

これに対して全大統領は、答辞でこう返している。

「歴史的な韓日関係の新しい幕開けに際して、陛下が過ぐる日の両国関係史における不幸だった過去について述べられるのを、私はわが国民とともに厳粛な気持ちで傾聴しました…不幸な過去は、より明るい、より親しい韓日間の未来を開拓していく上で、貴重ないしずえにならねばならないと信じております」

両政府が事前に、おことばと答礼スピーチの整合を図ったことが窺《うかが》える。日本の安全保障において韓国の重要性を歴代首相のなかでも人一倍認識していた中曽根首相である。首相就任後の最初の外遊も米国ではなく韓国を選び、ギクシャクしていた両国関係を立て直した。全大統領の訪日で、同首相が踏み込んだおことばを主導したのも、以上のような韓国認識と無縁ではない。

異例の長いスピーチに込められた思い

1991年10月のベアトリックス女王の晩餐会に話を戻そう。

まず天皇が歓迎のお言葉を述べた。オランダ船「デ・リーフデ号」（オランダ語で「愛」の意）が1600年、大分県臼杵《うすき》湾に漂着したことから説き起こし、200年以上にわたって出島を通じてオランダがもたらした西洋文明の知識あったが故に、開国後の日本の発展があったことなどを述べたあと、両国の歴史問題の話に入った。

「このような友好関係が第二次世界大戦によって損なわれたことは、誠に不幸なことでありました。戦後日本は、このような戦争の惨禍を再び繰り返すことのないよう、平和国家として生きることを決意し、世界の平和と繁栄のために積極的に協力しつつ、一貫して貴国を始めとする世界各国との間で新たな友好関係を築くよう努力してきました」

そして両国関係の一層の発展を希望する旨述べたあと、こう語った。

「女王陛下には、しばしば、我が国を御訪問になっており、我が国に対する深い理解をお持ちになっていらっしゃいます…。厳しい状況のなかで、ご即位前より我が国との友好関係の増進をお心にかけていらっしゃった女王陛下と、今夕宴席を共にすることができますことを誠にうれしく思います」

そして天皇は、

「女王陛下のご多幸並びにオランダ王国の繁栄と国民の幸せを祈ります」

と杯を挙げた。全員が起立し、一斉に乾杯に倣うと、オランダ国歌が演奏された。

天皇の「厳しい状況のなかで、御即位前より我が国との友好関係の増進をお心にかけていらっしゃった女王」という言葉に、女王が王女時代から日蘭の関係に心を砕いてきたことがわかる。

ベアトリックス女王が答礼スピーチに立った。

私はこの章を書くにあたって女王のスピーチに目を通して驚いた。実に長い演説なのだ。戦後、国賓として来日した外国元首の、宮中晩餐会での答礼スピーチが手元にあるが、一番長いと言っていいだろう。スピーチはオランダ語で行われたが、和訳にして約４７３０文字。天皇の歓迎のおことばが約１２７０文字だから、ざっと３・５倍の長さである。

女王のスピーチの前半は、４００年前の両国の出会いから大戦終了まで。後半が、戦後、民主主義が根付いた日本の発展と、オランダとの経済、文化、環境などの分野での協力に割かれている。長さはほぼ半々だが、重点が前半部、とくに歴史問題にあるのは明らかだ。

「数多くのオランダ国民が太平洋戦争における戦争の犠牲になりました。…10万人以上の民間人もまた、何年もの間、抑留されました。これはお国ではあまり知られていない歴史の一章です…。帰国できた者にとっても、その経験は、生涯、傷痕《きずあと》として残っています。その結果、これらの人々は、たとえ時は過ぎても、今なお痛みや苦しみに悩まされているのです」

そして日本の国民も戦争に苦しまなければならなかったことに触れて、こう述べた。

「私たちは、あの戦争の年月の記憶を避けて通るべきではないと思います。私たちの過去に暗い影を落としている苦い体験を真摯《しんし》な目で認識することこそ、憤りや恨みに満ちた気持ちを克服する一助になるはずです。歴史を取り消すことはできませんが、私たちは歴史に囚《とら》われることを望むものでもありません」

このあと、スピーチは後半の、両国の経済、文化など各方面での協力の進展に入り、国際社会における日本への期待に触れた。最後に女王は「天皇、皇后両陛下のご健康を祝して」と杯を挙げた。出席者約１３０人の乾杯が終わると、君が代が演奏され、つづいて食事に移った。

実は晩餐会に先立つ両陛下との懇談の席で、ベアトリックス女王は晩餐会では厳しい答礼スピーチをすると伝えていた。オランダ本国ではまだ戦争の記憶が強く残っており、戦争に言及しないことは、かえって国内の厳しい対日感情を増幅しかねない、との理由だった。

このスピーチの歴史の部分は、日蘭両国民への呼びかけになっている。日本に対しては「お国ではあまり知られていない歴史の一章です」「私たちは、あの戦争の年月の記憶を避けて通るべきではないと思います」という表現で、両国には歴史についての認識ギャップがあることと、戦争で起きたことをキチンと知る必要性があると指摘した。

オランダの人々に対しては「歴史を取り消すことはできませんが、私たちは歴史に囚われることを望むものでもありません」という言い方で、過去に引きずられることのマイナスを語った。しかし全体のトーンは日本に厳しい内容だ。

これまで述べたように、女王が難しい立場にあったのは事実である。女王の日本への厳しいスピーチはある意味、オランダ国内向けでもあった。

天皇の戦後初のオランダ訪問に向けて

外交の世界では、国賓訪問は相互に行われて完結する。しかしベアトリックス女王の訪日は実現したものの、天皇の訪蘭はなかなかメドが立たなかった。日本側には昭和天皇のときの出来事が依然、トラウマとして残っていた。ただ主要な先進国のなかで、オランダだけ天皇の国賓訪問が行われない事実が、日蘭両政府に心理的な負担となっていた。

両国関係は政治、経済、文化面で順調に進展していたものの、オランダの世論、それもインドネシアからの引き揚げ者や、その遺族を中心とした人々の対日感情は依然として厳しかった。政府の関係は良好でも、世論の支えのない関係はもろい。

ただ天皇のオランダ訪問は失敗の許されない政治的イベントだった。もし両陛下のオランダ訪問中、昭和天皇のときのようなことがあったら、日本人のオランダに対する感情は一気に悪化する。その反動でオランダ人の対日感情もさらに悪くなる。

天皇のオランダ訪問の時期をいつにするか、両政府間で慎重に探られてきた。その結果、「この時期を逃すと、もう当分、可能性がなくなる」と一致したのが、日蘭交流４００年記念事業が行われる２０００年だった。さまざまな記念事業で盛り上がるなかで、両陛下の訪問を実現しようとの狙いだった。オランダ政府から正式に招待状が届いたのは１９９７年である。

この訪問成功に向けて日蘭両政府がとったさまざまな措置や、ベアトリックス女王の努力の数々は、拙著『ワインと外交』で詳しく紹介したので、ここで詳しく触れない。ただ両陛下の訪問の地ならしとなった出来事を３つ挙げておこう。

1つ目、オランダの戦争被害者で作る「対日道義的賠償請求財団」との対話である。同財団は、1994年から日本政府に個人賠償を求めて月1回、抗議デモを行っていたが、同年赴任した佐藤行雄《さとうゆきお》大使は代表者を大使室に招き入れ、対話をもった。最初は互いによそよそしかったが、徐々に本音を言い合うようになり、これによって大使館は被害者と人脈を作り、その意図を探る貴重なパイプになった。これは後任の池田維《いけだただし》大使に引き継がれる。

2つ目は、戦争被害者やその家族を日本に招く「平和友好交流計画」である。当時、村山《むらやま》政権はアジアを対象にこれを発足させたが、池田大使はオランダにも適用するように求め、認められた。この施策は地味ながら、戦争被害者の心を解きほぐす上で大きな効果があった。あるとき、戦争被害者から池田大使に1通の手紙が届いた。これによると孫の女子高校生が、夏休みに1カ月間、日本人家庭にホームステイし、戻ってきてから、いかに楽しかったか話してくれたという。「日本の話をいろいろ聞きました。自分と日本の間の戦争はこれで終わったという気持ちになれました」と手紙は結んであった。

3つ目は、オランダの元慰安婦への償い事業だ。村山政権は1995年、「アジア女性基金」を設立し、韓国、フィリピン、台湾を対象に、日本軍の慰安婦となった女性への「償い事業」を始めた。戦争中、インドネシアでもオランダ人女性約200人が日本軍によって慰安婦とされており、池田大使はオランダも「償い事業」の対象国に含めるよう要請し、認められた。

「償い事業」のオランダ側実施機関は、オランダ国内だけでなく、各国のオランダ大使館を通じて、「償い事業」を公報。届出のあった人たちのなかから最終的に79人を元慰安婦と認定した。「アジア女性基金」は1人当たり約300万円の医療・福祉支援を行い、元慰安婦だった女性には橋本龍太郎《はしもとりゅうたろう》首相のコック首相に宛てたお詫《わ》びの手紙のコピーが手渡された。

戦争被害者との対話、平和友好交流計画、元慰安婦に対する「償い事業」――これが両陛下の訪蘭に向けて、前向きの雰囲気を醸成する上で役立ったことは間違いない。

両陛下の長い長い黙とう、抑留者との対話

2000年5月23日、両陛下は専用機でアムステルダム空港に到着して、4日間のオランダ訪問がスタートした。

最初の公式行事は、アムステルダムの王宮前の広場にある戦没者記念慰霊塔への献花・黙とう式だった。

その国によって、戦没者慰霊塔（碑）、無名戦士の墓など、呼称はさまざまだが、外交の世界において国賓訪問の際の戦没者の慰霊は重要な行事で、相互主義である。両陛下も国賓として訪問すると、その国のために命を捧《ささ》げた人々が眠る慰霊碑に詣《もう》でて、献花・黙とうす

る。ただし日本に限っては、外国元首が国賓で来日しても慰霊が行われない。A級戦犯が祀《まつ》られている靖国神社には行けないからだ。つまり日本において慰霊は相互主義になっておらず、非対称の関係にある。

アムステルダムの戦没者記念慰霊塔での献花・黙とう式では、ベアトリックス女王、コック首相、パテイン・アムステルダム市長が両陛下に付き添った。約2500人の市民が見守るなか、両陛下は一礼したあと慰霊塔に進み出て花輪を供えられ、黙とうした。

「長い、長い黙とうでした」

と、そこに居合わせた日本の関係者は異口同音に語っている。この模様はオランダ国内にテレビで同時中継された。

その夜、王宮で歓迎晩餐会が開かれた。女王の夫君クラウス殿下は病身を押して出席した。食前酒のカクテルタイムで、ベアトリックス女王からインドネシアの元抑留者5組が両陛下に紹介された。さりげなく双方を引き合わせ、元抑留者の思いを両陛下に聞いてもらおうという女王の配慮だった。

晩餐会の冒頭、女王が歓迎スピーチに立った。

女王は日蘭交流400年は、アジアと欧州の交流の歴史のなかでは特別の長さであると指摘し、日本に向かった5隻の船のうち、「デ・リーフデ号」だけが日本に到着したことは、日蘭交流は愛のもとに始まったことを象徴していること、ただ閉ざされた出島の交易すべてが愛と照応していたわけでなかったことなどに触れたあと、こう大戦のことに触れた。

「第二次大戦では…大多数のオランダ人が、市民も軍人も、戦争の被害者になりました。…生き残った者は悲惨な体験を一生記憶し続けることになります。日本国民もとくに戦争の最後の日々は…恐ろしい結果に見舞われました」

そして一方でこう語った。

「将来への眼差《まなざ》しが、過去によって曇らされてはならないのです。賢人の言葉に『歴史の役割は思い出すことのみではなく、将来への意味を与えることにある』とあります」

このあと女王は両国の多分野での協力とともに、日本が開発援助、軍縮、環境などで大きな役割を果たしていることを高く評価した。最後に両陛下のご健康を祝して杯を挙げた。

ベアトリックス女王のスピーチは１９９１年のときより遥《はる》かに日本に対して穏やかだった。

１９９１年、オランダの人々に向けた

「歴史を取り消すことはできませんが、私たちは歴史に囚われることを望むものでもありません」

という表現は今回、

「将来への眼差しが、過去によって曇らされてはならないのです」

と断定調になっている。自国の国民に対する戒めともとれる。

天皇が答辞に立った。天皇は１９６３年に初めて女王と会ったことから説き起こし、長い交流を振り返ってこう述べた。

「私どもは何回となくお目にかかり、思い出深い時を過ごしてまいりました。女王陛下が、常に、思慮深く、貴国の人々の気持ちを踏まえながら、日蘭友好関係の将来をお考えになり、私どもにもさまざまな配慮を示してくださったことに深く感謝しております」

本国の厳しい対日感情と向き合いながらも、日蘭の友好のために何ができるか、女王が両陛下とさまざまに話し合ってきたことを窺わせる。

天皇はつづいて、出島を通じた交流や、日本が開国してからも灌漑《かんがい》施設や治水工事の分野で、オランダから多くのことを学んできたことに触れ、

「このような歴史を経た後、両国が、先の大戦において戦火を交えることとなったことは、誠に悲しむべきことでありました」

と述べて、こうつづけた。

「この戦争によって、さまざまな形で多くの犠牲者が生じ、今なお戦争の傷を負い続けている人々のあることに、深い心の痛みを覚えます。…また、この機会に戦後より今に至る長い歳月の間に、両国の関係のため力を尽くしたさまざまな人々の努力に改めて思いを致します。

とりわけ戦争による心の痛みを持ちつつ、両国の将来に心を寄せておられる貴国の人々のあることを私どもはこれからも決して忘れることはありません」

最後に天皇は、さまざまな分野で両国の緊密な協力が進んでいることに敬意を表し、女王とクラウス殿下の健康を祈ってシャンパンの杯を挙げた。

天皇の答辞は10分という異例の長さだった。文字数で約2000字で、1991年の歓迎のおことばと比べ1・5倍の長さだった。

劇的なオランダ世論の変化

この答辞の最後の部分、「戦争による心の痛みを持ちつつ、両国の将来に心を寄せておられる貴国の人々」との一節を、感慨深く聞いたオランダの関係者も少なくなかったはずだ。その1人に元将軍のホベルト・ハウザー氏がいる。

同氏はインドネシアで生まれ、少年時代、日本軍の強制収容所で4年間を過ごした。終戦近く、一緒に収容所にいた母を栄養失調で亡くした。戦後、帰国すると親戚《しんせき》に引き取られた。長じて陸軍士官学校に入学し、1976年から1990年まで陸軍大将を務めた。引退後、NGOなどの役職にあったが、たまたま日本が「償い事業」を始めることになり、推されてオランダ側の受け入れ実施機関の長になった。

両陛下の戦没者記念慰霊塔での献花・黙とう式では、脇を守る随従役を務めた。これはベアトリックス女王直々の依頼で、ハウザー氏は、

「オランダと日本の架け橋になってほしいとの女王の願いだと思い、お引き受けしました」

と私に語った。

随従役を務めてどうだったのか。

「インドネシアの強制収容所では、オランダ人たちは毎朝、日本の皇居の方を向いて皇居遥《よう》拝《はい》をさせられました。私もやらされ、少しでも姿勢が悪いと、日本兵に殴られたり、蹴《け》られたりしました。その天皇が私の横でオランダ人の犠牲者に真摯《しんし》に黙とうをささげられているのを見たとき、私のなかでわだかまりが氷解するのを感じました」

ハウザー氏の夫人もインドネシア育ちで、強制収容所で両親をなくしている。カクテルタイムに、ハウザー夫妻は両陛下に引き合わされた。天皇はハウザー氏に

「随従をしていただいてありがとう」

とお礼を言い、美智子皇后はハウザー夫人と額《ひたい》をつけるようにしてしばらく懇談した。

天皇はこのオランダ訪問をこう短歌に詠んでいる。

若きより交はり来しを懐かしみ今日オランダの君を訪《と》ひ来ぬ

オランダ王室とは若いときから行き来と交流がありながら、天皇はなかなか国賓として訪問できなかった。それがやっと実現したことへの深い感慨がここにはあるようだ。

晩餐会が終わって夜遅く、両陛下は王宮の宿舎に戻った。その部屋の窓からは、その日の昼間、両陛下が献花と黙とうを行った戦没者記念慰霊塔が見えた。皇后はこのときの情景をこう短歌に詠んでいる。

慰霊碑は白夜に立てり君が花抗議者の花ともに置かれて

両陛下の献花と黙とうの行事が終わったあと、戦争被害者の一群が白い菊を一輪ずつもって行進し、花を慰霊塔の柵《さく》の周りに置いた。両陛下が供えた花輪と、戦争被害者の白菊が並んで置かれ、白夜の光のなかに浮かんでいた。戦争被害者と日本の「静かなる和解」ともとれる象徴的な情景で、皇后はこれを歌に巧みにすくい取った。

両陛下の訪問はオランダの対日世論を大きく変えた。戦争被害者たちの対日認識の核には「歴史に誠実に向き合わない日本」という思いがあった。しかし両陛下の慰霊塔での黙とう、晩餐会でのおことば、オランダの人々とのさまざまな交流、また両陛下のお人柄が連日、テレビを通して伝えられることによって、日本に対する印象を劇的に変えた。日本大使だった池田氏はこう語る。

「両陛下のご訪蘭により、日蘭関係が新しい章に進むことができたことは、その後の数十年間の日蘭関係を見れば一目瞭然です。個人のレベルの感情は一朝一夕には変わりませんが、2000年を境として、社会のレベルでは第二次大戦中の『過去の問題』をなんとか乗り越えたと言っていいと思います」

安倍第1次政権（2006～07年）、第2次政権（2012～14年）では、元慰安婦問題が外交問題になった。とくに第2次政権の誕生前、安倍晋三氏は「(元慰安婦問題で強制性を認めた）河野《こうの》談話を見直す必要がある」と述べ、韓国などとの歴史問題で、火に油を注いだ。

オランダの元慰安婦問題を以前、取材していた私は、韓国での元慰安婦問題の高揚がオランダに波及するのか注視していた。しかし、さざ波は立ったが、社会・政治問題化することはなかった。これは2000年以降のオランダの人々の対日感情の好転と決して無縁ではないだろう。もしオランダ世論が韓国に連動するようなことがあったなら、それは欧州各国に伝わり、ひいては米国にも影響を与えたはずである。

ウィレム・アレクサンダー国王は2014年11月、日本を国賓として訪問したあと、韓国を訪れた。まだ日韓が元慰安婦問題で対立していたときで、韓国の朴槿恵《パククネ》大統領は11月3日、国王との会談で「歴史問題の認識、特に慰安婦問題が（日本との）懸案になっており、解決のため努力している」と述べた。

朴大統領は外遊で〝告げ口外交〟を展開しているときで、同大統領としては韓国と同じように元慰安婦問題を抱えるオランダが、韓国寄りのスタンスをとることを期待したのかも知れない。しかし国王の反応は発表されず、国王が日韓の歴史問題から距離を置いたことを窺わせた。日蘭関係の改善は、結果として日本外交に決して小さくない効果を及ぼしている。

２０００年の両陛下の訪蘭は、オランダ側にも新たな変化を生んだ。日本から反省や謝罪を受けながら、自分たちは3世紀以上にわたる植民地支配に対して、何も謝罪していないではないか。これはダブルスタンダード（二重基準）ではないか、との議論が議会で交わされるようになったのだ。

オランダは17世紀はじめから日本軍による占領までの約３５０年間、インドネシアを植民地にした。１９４５年8月の日本軍の降伏後、インドネシアは独立を宣言したが、オランダは大規模な軍隊を派遣して独立軍を攻撃。武力衝突は１９４９年8月、ハーグ円卓会議で事実上の独立が認められるまで続いた。

２００５年8月、インドネシアを公式訪問したオランダのベン・ボット外相は、日本軍の降伏後にオランダがインドネシアの独立運動を武力攻撃したことを誤りだと認め、謝罪した。

インドネシア外務省で声明を読み上げる形で行われた謝罪には、同国のハッサン外相や国会議員のほか、日本、米国、オーストラリア、シンガポールの各国大使が同席した。ボット外相はこう述べた。

「オランダが植民地時代と、特にその最後の段階で、インドネシア国民の利益と尊厳を傷つけたことをオランダ国民は認めなければならない……つらい記憶が私たちの心から消えることはないが、この記憶がわれわれの和解を妨げることはない」

療養中の雅子妃のオランダ訪問

両陛下のオランダ訪問翌々年の2002年10月、ベアトリックス女王の夫君クラウス殿下が亡くなった。長いこと闘病中だった。日蘭協会の名誉会長を務め、5回にわたってオランダを訪問している秋篠宮《あきしののみや》が、予定していた国内の日程をやりくりして葬儀に参列した。

2006年8月には、雅子妃がオランダ王室の招きで、皇太子、愛子《あいこ》内親王と一緒にアペルドールンの離宮などで2週間、静養した。雅子妃は2003年から帯状疱疹《ほうしん》を患い、「適応障害」として療養生活を送っていた。オランダ王室の招待には、雅子妃に対する共感と同情があったといわれた。

ベアトリックス女王の夫君クラウス殿下はドイツ国籍の外交官だった。2人はパーティーで知り合ったが、1966年の結婚に際してはまだ戦後21年しか経っておらず、ドイツに国土を蹂躙《じゅうりん》されたオランダでは反対の声もあった。これを押し切っての結婚だった。

王室入りしたあと、クラウス殿下はうつ病を患う。ドイツ人批判への心理的負担もあっただろうが、外交官の職を失い、「女王の伴侶《はんりょ》」でしかなくなったことへの無力感が主たる原因といわれた。オランダ王室は雅子妃に、かつての自分たち家族の体験を重ねたはずだ。ただこの招待も、皇室とオランダ王室の長い交流があってのことである。

2013年4月、アムステルダムで行われたアレクサンダー新国王の即位式に、雅子妃が皇太子と揃って出席したのも、事前にマキシマ王妃から直々に、雅子妃の出席を打診する国際電話がかかってきたのがきっかけだった。短期間でもオランダに来られれば、心理的負担から解放されるのではないかとの心遣いだったのだろう。

「互いに背負ってきた苦痛を認識して」

日蘭関係をひと巡りした。冒頭の宮中におけるウィレム・アレクサンダー国王の歓迎晩餐会に戻ろう。

歓迎のおことばで、天皇は成長を見続けてきた国王のことをこう語った。

「(1979年、オランダに立ち寄ったとき)御用邸近くの公園を御一家と馬車で回りましたが、まだ御幼少であった国王陛下とコンスタンテイン王子殿下は、ポニーで馬車の後についていらっしゃいました。そのときのことは、今も私どもの懐かしい思い出になっています」

「（ベアトリックス女王を）国賓としてお迎えした1991年の御訪問には、当時皇太子でいらした国王陛下が御同行になり、かつてポニーで私どもの馬車を追っていらした陛下が健やかな青年に成長なさったお姿を、感慨深く思いました」

２０００年の国賓訪問に際してのベアトリックス女王の努力にも触れて、

「女王陛下は幾度か貴国の戦争犠牲者と話し合われ、行事はその人々の了解のもと行われました。このときの女王陛下の御努力に、今も深く感謝しております」

と語った。

さらに江戸時代、開国後の両国の交流をたどったあと、こう述べた。

「両国間の友好関係が、先の戦争によって損なわれたことは、誠に不幸なことであり、私どもはこれを記憶から消し去ることなく、これからの二国間の親善にさらなる心を尽くしていきたいと願っています」

天皇は広い分野で両国の友好と協力の関係が進展していることを称《たた》え、杯を挙げた。

アレクサンダー国王が答礼スピーチに立った。

国王は1679年に芭蕉《ばしょう》が詠んだ「阿蘭陀《おらんだ》も花に来にけり馬に鞍《くら》」の俳句から両国の交流を説き起こし、歴史問題にこう触れた。

「第二次世界大戦で我が国の民間人や兵士が体験したことを我々は忘れません。忘れることはできません。戦争の傷跡は、今なお、多くの人々の人生に影を落としており、犠牲者の悲しみは今も続いています」

「日本の国民の皆様もまた、先の大戦において、とりわけ戦闘が苛烈《かれつ》さを増した終戦間近、大変な苦しみを経験されました」

この部分は2000年に両陛下を迎えたベアトリックス女王の歓迎スピーチを踏襲している。そしてこうつづけた。

「和解の土台となるのは、互いに背負ってきた苦痛を認識することです。両国の多くの国民が和解の実現に向け全力を尽くしてきました。こうして双方の間に新しい信頼関係が生まれました」

「和解」と「新しい信頼関係」は、今回のキーワードである。2000年を契機として日蘭関係は「和解」を達成し、「新しい信頼関係」へと歩を進めたというのである。そしてこれが可能になったのは「互いに背負ってきた苦痛を認識する」ことによってだったという。2000年の女王のスピーチを踏まえつつ、また新しい段階へと日蘭関係は進んだ。

さらに国王は、東日本大震災で被害を受けた宮城県の園芸農業復興へのオランダの貢献や、オランダに日本企業が450社以上進出し、3万5000人以上の雇用を創出していることなど具体的に語った。

いくつかの日本メディアは「国王は歴史問題を取り上げた」と、そこだけクローズアップしたが、1991年のベアトリックス女王からの流れを押さえるならば、新しい日蘭関係を祝福するものといえる。

この晩餐会に招かれた先述の池田氏はこう語る。

「オランダ人の日本に対する認識は第二次大戦止まりでした。今回、国王のスピーチは、江戸時代のオランダ人の話から始まりました。『江戸参府』の途中、『馬に鞍を乗せて、桜を見に来た』という芭蕉の俳句にまで話がおよぶようになったことに深い感慨を覚えました」

晩餐会が終わって、国王と王妃が宮殿を辞したのは午後10時すぎだった。黒々とした皇居の森の木立の向こうには、オレンジ色に輝く東京タワーの尖塔《せんとう》が遠望できた。

第4章　美智子妃とヴァレリーさんの頰ずり

フランス3代の大統領と皇室

別れ際にヴァレリーさんが見せた戸惑い

その夜、私は皇居・宮殿の南車寄せの脇のところで、内外記者の仲間と、そろそろであろう晩餐会《ばんさんかい》の終わりを待っていた。目の前に広がる宮殿東庭は、宮殿の光が届くところまで明るく照らされていたが、その先は暗い闇に沈み、奥行は定かではなかった。夜空に放射された都心の明かりが、黒い皇居の森の輪郭をひときわくっきりと浮かび上がらせていた。銀座方面からのざわめきもここまでは届かず、森閑とした空気があたりを支配していた。

2013年6月7日。この夜、フランスのオランド大統領と、事実婚関係にあるヴァレリー・トリエルヴェレールさんの歓迎晩餐会が、日仏両国の関係者約150人を招待して開かれていた。シラク大統領から17年ぶりの、フランス大統領の国賓としての訪問だった。

記者団は30人ほどだろうか。宮内庁記者会の日本人記者のほか、外国人記者は大統領に同行したフランス人の記者がほとんどで、それ以外には在京のなじみの特派員の顔がちらほら見えた。

午後9時40分、式部官長が先導して、両陛下、オランド大統領とヴァレリー・トリエルヴェレールさんのカップルが、宮殿の奥から車寄せに姿を現した。天皇と大統領はブラックタイ、美智子妃はシルバーの刺繍《ししゅう》を施したベージュのドレス。ヴァレリーさんは真っ赤なロングドレスに、髪を優雅にアップにし、長いうなじを見せていた。この日の午前、皇居で行われた歓迎式典では、肩に余る髪をロングのままにしていたから、晩餐会に臨む前に髪を整えたのだ。

車寄せの前で、天皇は大統領とお別れの握手をし、美智子妃はヴァレリーさんと握手をしたあと顔を寄せ、優しく両頬に頬ずりをした。カメラのシャッター音がつづき、フラッシュがまたたいた。

そのとき、私は美智子妃とヴァレリーさんからほんの4、5メートルのところに立っていて、この光景の一部始終を目の前で見ることになった。皇后が頬を寄せようとしたとき、ヴァレリーさんはちょっととまどったような様子を見せた。ただそれもほんの一瞬で、そのまま頬ずりを返した。

このあとオランド大統領は美智子妃と、ヴァレリーさんは天皇と握手を交わし、車に乗り込んだ。警視庁のオートバイに先導された大統領車のあとを追うように、フランスの随行団が乗った長い車列が、二重橋《にじゅうばし》の出口に向けて暗闇のなかを走り去っていった。

車寄せのところに立って見送っていた両陛下は、最後尾の車が消えると、記者団の方に向かって軽く頭を下げ、式部官長と宮殿のなかに戻っていった。

日本人記者たちはぞろぞろと宮内庁の記者クラブに向かった。エリゼ宮（フランス大統領官邸）の広報担当者に引率されたフランス人の記者たちの間から「あす集合は何時？」という声が聞こえた。晩餐会の終わりを見届け、「きょうのイベントはこれで一件落着」の気分が漂った。

私はヴァレリーさんが皇后と頬ずりをするときに見せた一瞬のとまどいを、すでにこのとき記憶の向こうに追いやっていた。この光景を再び鮮やかに思い出すことになるのは、1年以上経ってからのことである。それが何だったかに触れる前に、日仏関係の転換点となるこのオランド大統領の訪日の意味について語っておこう。

門外不出の国宝、海を渡る

日仏関係のこの20年を取り上げると大きなアップダウンがあった。1995年に大統領に就任したシラク大統領はこの上ない日本理解者で、2007年までの2期12年、日本の対欧州外交の軸はフランスにあったと言ってもいい。シラク氏の訪日回数はパリ市長時代（1977～95年）を含めて50回を優に超えた。

同氏が日本を含めた東洋の文化に目を開かれたのは中学生時代である。東洋の仏像に興味を持っていた同氏は、中学校が退《ひ》けると、パリ中心部にある東洋美術品のコレクションでは名高いギメ美術館に入り浸って仏像を眺めていた。監視員の使い走りでカフェからコーヒーを運ぶなど職員に気に入られ、チケットなしの入館もお目こぼしされていた。

そんなシラク氏に監視員が
「そんなに仏像が好きなら、この近くに東洋美術の専門家がいるから行ってみたら」

と教えてくれた。訪ねてみると、ロシア革命後、フランスに亡命した帝政ロシアの元外交官だった。当時60代のこのロシア人は、毎日のように自宅にやってくるこの若者を気に入り、サンスクリットやロシア語を教え、語学の合間にインド、中国、日本など東洋文明の素晴らしさを講義した。

「サンスクリットとロシア語はものにならなかったが、東洋文明について学んだことは私の血となり肉となった」とシラク氏はのちに語っている。

１９６０年代初め、同氏は日本を旅行し、奈良の法隆寺で百済《くだら》観音像と対面した。このときのことを「ひと目見て私は衝撃を受け、たちまち日本に魅了された。これをフランスに持ってくるのがわたしの夢になった」と語っている。

シラク大統領時代の１９９７年、この百済観音像は「フランスにおける日本年」の企画の目玉として、ルーヴル美術館特別会場で展示された。朋友《ほうゆう》の橋本龍太郎首相が日本国内の反対を押し切ったのだが、シラク大統領はこの返礼として１９９９年、「日本におけるフランス年」にルーヴル美術館所蔵のドラクロワ作「民衆を導く自由の女神」を東京国立博物館に貸し出した。こうして門外不出だった日仏の国宝の相互展示が実現し、シラク大統領は長年の夢をかなえたのである。

シラク氏の日本文化理解は素人の域を超えていた。「『万葉集』は世界で3指に入る詩集の最高傑作だ。日本は世界に誇る文学をもっている」と、『源氏物語』とともに高く評価していた。また「精神性の極めて高い伝統競技」として相撲の大ファンでもあった。来日するときはなるべく大相撲の場所に合わせ、2000年には優勝力士に贈呈する「フランス大統領杯」を創設した。これは「日仏友好杯」としていまに続いている。

箱根で英気を養ったシラク

シラク氏が大統領に当選するにあたって、日本が陰で貢献したことはあまり知られていない。大統領選の2年前の1993年、総選挙でシラク氏率いる保守・共和国連合(RPR)は社会党に大勝し、同氏は腹心のエドゥアール・バラデュール氏を首相に送り込み、社会党のミッテラン大統領とコアビタシオン(革保共存政権)を組ませた。

大統領選に向けて万全の体制を敷いたと思った矢先、あろうことかバラデュール首相が大統領選への出馬を表明し、目をかけてきた子飼いの首相府スポークスマンだったニコラ・サルコジ氏までもが首相の側についた。

側近の相次ぐ裏切りと低迷する支持率…。失意のシラク氏に再び立ち上がる力を与えたのが日本だった。大統領選の約１年前の１９９４年初夏、来日した同氏は、贔屓《ひいき》にしている箱根の老舗《しにせ》旅館に１週間投宿した。このときの模様はシラク大統領との長期インタビューをもとに、ジャーナリストのピエール・ペアン氏がまとめた著作『エリゼ宮の知られざる人』のなかで詳しく描かれている。

「メディア政治と裏切りの腐臭から遠く離れ、シラク氏は大のお気に入りの畳の上にじかに横になり、障子や日本風呂を愛し、会席料理に舌鼓を打った。青空の下、近くの彫刻美術館にも足を運んだ」

ベルナデット・シラク夫人もこの著作のなかでこう語っている。

「修道院のような世俗から隔絶したあの日本の日々が、夫の大統領当選の原動力になりました。日本滞在中、夫は１人思索し、書き物をして過ごしました。フランスのように周囲の目を意識する必要もなく、孤独の重さをズシリと受け止めたはずです。あそこから夫は立ち上がりました」

帰国したシラク氏は、パリ中心の大々的な集会や演説会から、丹念に地方を回り、地元住民と触れ合う運動に切り替える。支持率はなかなか上向かなかったが、大統領選まであと２

カ月という1995年3月、ついに世論調査でトップに立ち、そのまま大統領選挙になだれ込んで勝利をものにした。

シラク大統領は「あの地方遊説が奏功した」と語るが、日本での休暇が自分を見直し、選挙運動を転換させるキッカケを与えた。

外交でもシラク大統領は日本を側面支援した。1990年代、日米が自動車交渉で対立していたとき、国際会議の場で仲介の労をとった。また日本経済の停滞を米国が批判すると、大統領は、

「パイロットが乱気流を抜けようと懸命に操縦桿《そうじゅうかん》を操っているとき、脇から口出しするのはやめよう」

と、米国を諭した。イラク戦争後のイラク支援、アフリカ開発援助などでも日仏協力が進んだ。

またシラク大統領は平林《ひらばやし》博《ひろし》駐仏大使のとき、日本大使公邸の昼食会の招待に応じ、日本食を堪能《たんのう》している。

サルコジの選挙パフォーマンス

しかし2007年、サルコジ氏が新たに大統領に就任すると、日仏関係は一変した。同大

統領は経済が停滞する日本への関心が薄く、躍進著しい中国を重視した。中国偏重といってもよく、5年の在任中、訪中は6回に上った。前任の知日派のシラク氏への対抗心もあったのだろう。シラク政権の末期、「相撲は知的なスポーツではない」とも発言したのは、シラク氏の相撲好きが念頭にあったとみられた。

2008年、洞爺湖《とうやこ》サミット（主要国首脳会議）のとき、日本側はサルコジ大統領になってから一度も行われていない日仏首脳会談を提案した。しかし同大統領は多忙を理由に応じず、しかもサミットの終了を待たずに帰国して日本側を激怒させた。

国際会議を除く大統領の唯一の訪日は、3・11の直後の2011年3月31日だったが、経緯がいかにもサルコジらしい。

それまで日本にまったく関心を寄せなかった同大統領は、3・11が起きた直後、日本側に訪日を打診した。日本側は多忙を理由に断ったが、ぜひともと再度要請があった。日本側は3回断ったが、4回目に「短時間なら」と応じた。フランスがG8、G20の議長国ということもあったのだろう。

それにしてもサルコジ大統領は、なぜ急に日本に関心を寄せたのだろう。仏フィガロ紙は「日本との和解」「来年（2012年）の大統領選挙に向けたパフォーマンス」と書いたが、個人的には後者の比重が大きかったと思う。3・11で国際社会の視線が日本に注がれるなか、いちはやく日本に駆けつけ、協力を申し出ることで、未曾有《みぞう》の悲劇に寄り添う大統領の姿を見せようとしたのだろう。

結局、同大統領は中国からの帰途、3時間だけ日本に立ち寄り、菅直人首相と短時間の会談を行ってあわただしく帰っていった。

2012年5月の大統領選挙でサルコジ氏は再選はならず、社会党のオランド氏が当選した。社会党は大統領選に先立ち、対日関係重視をうたった報告書をまとめていた。

報告書はサルコジ政権の対日政策について「ほとんど日本に注意を払わず、中国しか見ていなかった」と批判し、「(フランス社会党の)左派政権は民主主義や人権の擁護などの価値観を再認識すべきだ」「そうした価値観は中国よりも日本で保証されている」と指摘した上で、日本を「フランスの無視できないパートナー」と位置づけた。

つまりシラク大統領以来、17年ぶりとなる2013年6月のオランド大統領の国賓としての訪問は、サルコジ政権の対日政策からの転換を示すものでもあったのだ。安倍政権が手厚いもてなしで迎えたのも当然であった。

官邸の歓迎会とは

オランド大統領は1年前に、エリゼ宮入りしたとき、ヴァレリーさんと事実婚関係にあった。事実婚関係にある大統領とそのパートナーがエリゼ宮の主《あるじ》になるのは初めてで、仏メディアの注目の的だった。その呼称はどうする、正妻の場合と権限に違いはあるのか、大統領と外遊したときの立場は…。

これまでオランド大統領が外遊した国は、ヴァレリーさんをファーストレディーとして遇してきたが、日本も同様にすることを決めた。ただし肩書きは「夫人」ではなく「トリエルヴェレール女史」と記載された。到着当日の6日夜、安倍首相と昭恵《あきえ》夫人はカップルを元赤坂の迎賓館内にある和風の離れでもてなした。この日はステータスとしてはまだ非公式訪問であり、安倍夫妻の私的食事会だった。

国賓となる翌7日、朝9時20分から皇居・宮殿前の東庭で、両陛下や皇太子ら皇族、安倍晋三首相夫妻、閣僚らが参列して、歓迎式典が行われた。

国賓の滞在中、天皇は4回接遇する。①歓迎式典、②皇居・宮殿内での会見、③宮中晩餐会、④お別れのあいさつ――である。最初の歓迎式典は、国賓が宿舎とする元赤坂の迎賓館赤坂離宮か、皇居のいずれかで行われるが、オランド大統領に対しては皇居になった。

式典には千代田区九段《くだん》にある暁星《ぎょうせい》小学校の児童と、北区滝野川《たきのがわ》の東京国際フランス学園の生徒約200人が招待された。暁星小学校は長年フランス語を教え、フランスと関係が深い。東京国際フランス学園ではフランス本国のメソッドに則《のっと》ったフランス語での授業が行われ、フランス人の子弟が通っている。

陸上自衛隊の第302保安警務中隊と中央音楽隊で構成された約140人の儀仗《ぎじょう》隊が威儀を正すなか、フランス国歌「ラ・マルセイエーズ」と君が代が演奏され、オランド大統領は栄誉礼を受けた。このあと荘重な「巡閲の譜」の曲が中央音楽隊によって奏でられるなか、大統領は儀仗隊長の先導で儀仗隊を巡閲した。学生たちが両国国旗をうち振る前に来ると、大統領はにこやかに手を上げた。

国賓でなく、公式実務訪問した賓客に対しては、首相官邸で規模を縮小した儀仗が行われる。このとき首相も賓客に随伴して、一緒に儀仗隊を巡閲する。「自衛隊の最高の指揮監督権を有する総理大臣」（自衛隊法）として、一緒に巡閲するのは責務でもある。しかし皇居では、天皇は賓客に随伴して巡閲しない。儀仗隊長の先導で賓客が巡閲している間、天皇は元の位置で見守っている。指揮監督権を持つ首相と、そうでない天皇。このあたりの役割は外交儀礼においても厳格に守られている。

外からは窺《うかが》うことのできない②の「会見」は、次のような手順で進む。

宮殿東庭での歓迎式典が無事終わると、両陛下と大統領のカップルは宮殿に入り、侍従長の先導で「竹の間」に案内される。

両陛下と賓客カップルが着席すると、まず写真撮影があり、つづいて懇談になる。頃合をみて、隣の広間に控える賓客の随員が「竹の間」に入り、両陛下にそれぞれ拝謁して、退出する。このとき随員は1人ひとり両陛下の前に進み出て拝謁し、そのままの姿勢で数歩後退し、向きを変えて退出する。このやり方は事前に随員たちに伝えられるが、外国人にとって両陛下に拝謁したあと、そのままの姿勢で後ずさりするのは結構、難しい動作のようだ。

　フランスからは外相をはじめとする閣僚、仏日友好議連会長など14人が随行していたが、ヴァレリーさんは「竹の間」で目にした随行団のぎこちない所作を、のちにその著書でこう書いている。

「フランスの閣僚たちが両陛下にあいさつしに進み出たとき、私はフランソワ（オランド大統領）とひとときの暗黙の共謀関係をもった。彼らは両陛下に軽く頭を下げたあと、後ずさりするよう儀礼担当者から説明されていた。しかし彼らの何人かはこの上ない緊張に不器用さが加わって、フランソワと私は笑いをこらえるのに必死だった」

　随行団のあいさつが終わると、今度は日本側の番となり、宮内庁長官、侍従長、式部官長、女官長が「竹の間」に進み出て、大統領カップルに拝謁した。次に賓客への儀礼叙勲となる。オランド大統領に大勲位菊花大綬《だいじゅ》章、ヴァレリーさんには宝冠大綬章が授けられた。

　つづいて贈り物の交換。両陛下からはカップルに両陛下の写真、大統領に輪積鉢《わづみばち》、ヴァレリーさんに黄《き》檗紐面造《はだひもめんつくり》 盛器が贈られた。ちなみに輪積鉢は粘土紐《ひも》を積み上げて成形した鉢である。
これで「会見」は滞りなく終わる。宮殿南車寄せで両陛下に見送られ、大統領カップルは宿舎の迎賓館に戻った。
会見は密室で行われ、立ち会う人は限られている。記録もとられない。終わると、立ち会った式部官長が宮内庁の記者会にブリーフィングする。それによると、大統領が
「最近ではカンヌ国際映画祭で日本作品が受賞することもありましたね」
と日本映画を話題にすると、天皇陛下は
「かつて『羅生門』という作品が（ベネチア国際映画祭で）受賞して、日本人を大いに喜ばせ元気づけました」
と応じたという。日本の環境問題への取り組みも話題になり、陛下は
「小さなことでも心掛けることが大事です」と語った。
歓迎式典を終えたオランド大統領は安倍首相との首脳会談、さらに国会での演説と本格的な仕事が待っていた。
日仏首脳会談では両国関係を再始動することで合意。安全保障分野での協力を進めるための外務・防衛閣僚級協議（2プラス2）の創設、防衛装備品の共同開発などのほか、経済、科学、文化など幅広い分野での協力についても意見の一致を見た。とくに中国を念頭に置い

た外務・防衛閣僚級協議は、サルコジ時代には考えられなかった。

両首脳は共同記者会見を終えると、官邸の広間に場所を移し、昼食会に臨んだ。日仏合わせて27人が出席した。

この日のメニューである。

フランス産アンズダケとシバフタケのカプチーノ仕立て
山口産マナガツオ、ヴァレドージュの調理法で
リムーザン牛と神戸牛の西京漬けロースト、木の芽味噌ソース　五種の江戸東京野菜添え
清見オレンジとジヴァララクテチョコレートのシュープリーズ
コーヒーとボンボンショコラ

仕事の話をしながらのワーキングランチとの位置づけだったが、安倍首相の肝いりで準備された。中心的にかかわったのは「オテル・ドゥ・ミクニ」のオーナーシェフ、三國清三《みくにきよみ》氏。「食文化の交流」とのコンセプトに基づき、食材、料理人、調理法などでの両国の協働が素晴らしいものを生み出すことを示そうと狙った。

スープは三國氏によるもので、同氏がフランスで修業時代に料理界の巨人アラン・シャペ

ル氏に習ったマッシュルームスープ。前菜はレストラン「エスキス」（東京・銀座）のフランス人オーナーシェフ、リオネル・ベカ氏が担当。旬《しゅん》のマナガツオ、それも安倍首相の故郷の山口県産。ヴァレドージュという調理法は、リンゴの果汁から作ったアルコールのシードルやカルバドスと生クリームをソースにした煮込みである。

主菜は大統領の選挙区のリムーザン地方の仔牛《こうし》と神戸牛を使用。担当した「菊乃井」の村田吉弘《よしひろ》氏は、京都の白味噌で一昼夜マリネしたものをローストした。デザートはパティシエの第一人者、寺井則彦《のりひこ》氏。静岡県産の清見《きよみ》オレンジをミルクチョコレートのクリームと合わせた。そして大統領の大好きなボンボンショコラは数々のコンクールで優勝しているパティシエの小山進《こやますすむ》氏。

料理に合わせるお酒はソムリエの田崎真也《たさきしんや》氏が決めた。乾杯には山口の清酒、獺祭《だっさい》。前菜の魚には日本の白ワイン〈アルガブランカ・ヴィニャル・イセハラ２０１２年〉、主菜にはフランス・ボルドー地方の赤ワイン〈ル・プリュス　ド・ラ・フルール・ド・ブアール２００６年〉、デザートに合わせて南仏の甘口ワイン〈リヴザルト　ドメーヌ・サント・バルブ１９５４年〉。１９５４年は両首脳の生まれ年だ。

出されるワインと料理を安倍首相が説明し、両首脳の話題は両国の農産品の用いられ方やその経済効果、また農産品からみた両国の結びつきへと広がったという。ふだんあまりアルコールを飲まない安倍首相が積極的に口をつけ、オランド大統領はもっぱらミネラルウォーターだった。この後、国会での演説、宮中晩餐会と続く予定を考えれば当然のことだった。

伝統を生かす華やかな宮中晩餐会

そしてこの夜、宮中晩餐会が開かれた。前日の夜、この日の昼、そして夜と、3連続のもてなしである。

午後7時、大統領カップルが宮殿南車寄せに到着した。両陛下が出迎え、改めてあいさつが交わされた。4人は「松風の間」に入り、そこで晩餐会に出席する皇族が紹介された。この夜は、皇太子、秋篠宮と紀子《きこ》妃、常陸宮《ひたちのみや》と華子《はなこ》妃、承子《つぐこ》女王（高円宮家の長女）と典子《のりこ》女王（同次女）の7人だった。

食前酒が振舞われたあと、両陛下と大統領のカップルは「石橋の間」で、随員と日本側の主要な出席者のあいさつを受けた。

両陛下と大統領カップルを先頭に、皇族、随員らが豊明殿に姿を現すと、出席者らが立ち上がって迎えた。天皇が歓迎の辞に立った。

天皇はまず3・11でフランスが緊急援助隊をはじめとしてさまざまな支援を寄せてくれたことに感謝を表明。1953年にエリザベス英女王の戴冠式《たいかんしき》に出席したあと、フランスに3

日間滞在し、オリオール大統領にエリゼ宮で午餐会を催してもらったこと。1994年には国賓として訪れ、ミッテラン大統領から心のこもったもてなしを受けたことなどを回想した。

つづいて両国の歴史に入り、1858年に交流が始まってから、日本の近代法の整備や繊維産業の発達に多くのフランス人が貢献してくれたこと、またフランスの養蚕が病気で大きな打撃を被った際には、日本の蚕と生糸がフランスに輸出されるなどしたこと。今日、広範な分野に広がっている両国の交流が一層発展することに期待を表明した上で、

「大統領閣下並びにトリエルヴェレール女史のこの度のご滞在が、真に実り多きものとなりますよう願っております」

と語り杯を挙げた。乾杯が交わされると、フランス国歌が演奏された。

答辞に立ったオランド大統領は、文化人類学者レヴィ・ストロースの「フランスと日本は広大な空間に隔てられ、大陸の両端に位置しているので、互いに背を向けているように見えるかもしれない。しかし2つの国は同じ運命を共有しているのだ」との言葉を引き、両国が民主主義を大切にし、基本的人権、民族の自由の遵守を掲げ、ともに平和に貢献し、文化を共有していることを指摘。

またフランス人が日本の洗練された文化や美に魅了され続け、その関心はいまや文学、料理、映画、舞台芸術、建築、格闘技など多岐にわたっていると語った。最後に3・11に触れ、

「日本は、これだけの大災害に…尊厳と勇気をもって乗り越えることができましたが、そのようなことができる国は滅多にないと思われます。…フランスは日本の再建の努力に寄り添っていきたいと思います」

と述べ、杯を挙げた。つづいて君が代が演奏された。

全員が着席すると、それが合図のように、料理を盛った大きな銀盆を捧《ささ》げ持った給仕たちが一斉に入ってきた。豊明殿の一角に控えた室内オーケストラの演奏が始まった。

この夜のメニューである。

清羹《せいかん》
舌平目酒蒸
羊腿《もも》肉蒸焼
サラダ
凍菓
果物

モンラッシェ　グラン・クリュ　１９９８

シャトー・ラフィット・ロートシルト　１９９０
ドン・ペリニョン　１９９８

清羹のコンソメスープには、若鶏《わかどり》と海老《えび》のクネルが入っている。クネルは身をすり潰《つぶ》し、卵や調味料を加えて球形に整形し、ゆでたもの。〈舌平目酒蒸〉には小鮎《こあゆ》のエスカベッシュやこふき芋が添えられた。エスカベッシュは小鮎を揚げて、オリーブオイルや酢に漬けこんだ調理法。主菜の羊には、隠元やビーツ、筍《たけのこ》、玉葱《たまねぎ》が添えられた。主菜と一緒に出されるサラダは、レタス、ルッコラ、キュウリ、クレソンなどのフレンチドレッシング和え。凍菓はいつものように富士山型アイスクリーム、果物はメロンに巨峰だった。

和気藹々《あいあい》とした食事が終わると、両陛下と大統領カップルはそれぞれ「泉の間」「春秋の間」に移動し、しばし休息。つづいて皇族や随員、日本の主たる招待者たちが集まる「石橋の間」で合流し、歓談のひとときを過ごした。

頃合いを見て大統領カップルはいとまを告げ、皇太子をはじめとする皇族とは宮殿内で別れのあいさつをした。フランス側随員たちも一足先に出ており、南車寄せまで賓客カップルを見送るのは両陛下のみというのが宮中の慣例である。私が記者仲間に交じって宮殿東庭の南車寄せの脇で待っていると、侍従長に先導されて両陛下と大統領カップルが宮殿奥から姿を現した。冒頭に叙述した部分である。

翌日、両陛下は大統領カップルの宿舎の迎賓館赤坂離宮を訪れ、お別れのあいさつをした。国賓に対する４つ目の接遇である。国賓の滞在中、宿舎は国賓の住まいとなるため、両陛下にとっては賓客の邸宅を訪れることでもある。

午前10時、離宮の正面玄関で大統領カップルが待ち受けるところに両陛下が到着。それぞれ握手を交わし、大統領カップルが両陛下を離宮内の「朝日の間」に案内した。

宮内庁によると、懇談では大統領から前夜の晩餐会の御礼が述べられ、また最近、フランスから日本への留学希望者が増えている話に、陛下が

「訪日する方が増えていると聞いてうれしく思います」

と応じた。

約15分の懇談のあと、両陛下は大統領カップルに見送られて赤坂離宮をあとにした。一方の大統領カップルは在日フランス人の集まりや講演会に臨み、夕方、帰国した。

ヴァレリーさんの自伝で明かされた美智子妃の姿

前夜、皇后が頬ずりをしようとしたとき、ヴァレリーさんが見せた一瞬のとまどい。それを私が再び思い出したのは、この晩餐会から１年３カ月も後の２０１５年９月だった。キッ

カケは彼女が出版した本だった。

日本を国賓として訪問して7カ月後、オランド大統領の浮気がフランスの芸能誌にすっぱ抜かれた。2014年1月初め、大統領がヘルメット姿でオートバイにまたがり、女優のジュリー・ガイエさん宅に向かっている写真が掲載された。エリゼ宮がオランド大統領とヴァレリーさんが話し合いで事実婚関係を解消したと発表したのは、それから約2週間後の1月25日。実際は大統領からの一方的な通告による関係解消だった。

約1年8カ月のエリゼ宮の暮らしにピリオドを打って8カ月後、ヴァレリーさんの著作『今このときにありがとう』(Merci Pour Ce Moment)が発売された。私はさっそく本を取り寄せた。自分の生い立ちや政治記者だった時代などを織りまぜながら、オランド氏との出会いから、エリゼ宮での生活、同氏の不倫による破局がつづられている。出版妨害を受けるのを危惧《きぐ》し、ドイツで印刷された。

彼女は大学を卒業した1988年、写真週刊誌パリ・マッチの政治記者になった。オランド氏との出会いはその年で、同氏は前年に下院議員になったばかりだった。以来、時々会って情報を交換したが、記者と政治家の距離を保っていた。1997年、オランド氏が社会党の第1書記長になると、パリ・マッチ誌の編集幹部は同氏の動向を綿密にカバーするよう指示。これ以降、2人は接近する。男女の関係になったのは2005年だったと明かしている。

ヴァレリーさんはオランド氏との関係ができると、３人の子供を抱えて離婚した。２度目の離婚だった。一方、オランド氏は社会党議員のセゴレーヌ・ロワイアル女史と事実婚の関係にあり、女史との間に子供が４人いた。同氏は２００７年、ロワイアル女史との関係を解消し、ヴァレリーさんと事実婚関係になる。この時期、パリ・マッチ誌はヴァレリーさんを政治部から読書欄担当に配置替えした。

２０１２年、オランド氏は大統領選に当選した。しかし事実婚で大統領のパートナーとなったヴァレリーさんへのメディアのバッシングはすさまじかった。前掲書のなかで「大統領の伴侶《はんりょ》となっても、世間も周りも、私をどこか日陰者と見ていた」「メディアは虚像を書き立てたが、もし私が正妻だったらこうではなかったはずだ」とヴァレリーさんは書いている。

私もフランスの新聞や雑誌をインターネットでフォローしていたが、真偽は別にして、彼女に対する批判的論調が目についた。ブルジョワ育ちの浪費家、政治に口出しする、パリ・マッチ誌の仕事を辞めようとしない、お高くとまっている…。

本のなかでヴァレリーさんはそうした批判に反論している。

彼女はフランス中西部ロワール地方の貧しい家の生まれだ。父は大戦末期の１９４４年、12歳のときに近くで炸裂《さくれつ》した爆弾で瀕死《ひんし》の重傷を負い、一命はとりとめたが、片足を失った。そんな父と母、５人の姉妹弟に加えて祖母の８人家族。「傷痍《しょうい》軍人」の身分証をもつ父の年金と、母がアイススケート場のチケットもぎりで稼ぐわずかなお金が暮らしを支えていた。

ヴァレリーさんも中学生のときから、土曜日に花屋で働く母を夜遅くまで手伝い、高校生になってからは、日曜日にブティックでアルバイトをした。4時間働いて50フランを得ていたという。1980年代はじめごろだから、当時のレートで1500円～2000円だ。

成績はクラスで1番だったが、あるとき親しい友人に「母からあなたとは付き合ってはダメだと言われた」と告げられた。ヴァレリーさん一家は低収入者用のHLMといわれる低家賃集合住宅に住んでいて、彼女が住む地域は、裕福な友人が住む一戸建ての集まる豊かな地域とは大通りを挟んで反対側にあった。どちらの地域に住むかで家柄、暮らしぶりが一目瞭然《りょうぜん》だった。「この言葉はいまなお私の心の底に傷となっている」と本で語っている。

高校を卒業するとパリ大学に入学。単身、パリで自活を始めた。「大学に行くならすべて自分で稼いでやるように」との約束で、アルバイトに精を出した。1988年に卒業すると、人のつながりの幸運も手伝って、パリ・マッチ誌の政治記者に採用された。

こんな自分の家庭と生い立ちを振り返りながら、ヴァレリーさんは「私がブルジョワ育ちとはどこから出てくるのでしょう」「エリゼ宮に入ってからも、着るものは安売りの時期にバーゲン品を買っていました」と明かす。

パリ・マッチ誌の記者を続けたことについては事実婚のリスクを指摘した。「万一、事実婚関係を解消したとき、私は無収入になる。オランド氏からはエリゼ宮入りしたとき、仕事を辞めるように言われましたが、まだ養わなければならない子供を抱えた私には、そんなリスクは冒せません。テレビの司会者の仕事などは切りましたが、パリ・マッチ誌の書評だけは手放しませんでした。事実婚を解消したいま、仕事を辞めなくてよかったと心から思っています」と語っている。

本を読み進み、残り10ページほどになった最後の結びのところにきて手が止まった。

「国賓訪問にはいつも現実離れした側面というものがあります。消耗する役割のなかにも夢のようなひとときがあります。最も素晴らしいものは日本への国賓訪問で、天皇、皇后両陛下のおもてなしは魂を奪われるような思い出としていまも心に残っています」

そしてこうつづく。

「（低所得者の固まる）市街化地域で育った一少女が、日本の皇后から『ファーストネームでお呼びしてもいいですか。私のこともファーストネームで呼んでください』と言われようとは。私はとても失礼で『皇后さまとしかお呼びできません』と言いました。皇后は私がやっていることもいろいろ知っておられ、皇居を辞去するときカメラの放列の前で抱擁してくださいました」

そうしてこう結ぶ。

「(両陛下の体に触れてはならないという) 儀礼を私が守らなかったことで、嵐のような批判を覚悟しました。しかし今回はありませんでした」

皇居・宮殿の南車寄せで、ヴァレリーさんが見せた一瞬のとまどいを私は思い出した。そうか、このことだったのだ、と。

メディアのバッシングに遭っていたヴァレリーさんは、皇居・宮殿の車寄せで皇后が頰ずりをしようとしたとき、すぐ脇で鵜《う》の目鷹《たか》の目で見つめている大統領同行のフランスのジャーナリストを意識しないわけにはいかなかったのだ。一瞬のとまどいのあと、自然に頰ずりを返したが、「皇后の体に触れてはならないという儀礼も知らない大統領のパートナー」とフランスのメディアに報じられるのを覚悟しなければならなかった。

私はヴァレリーさんがかわいそうになった。かくも彼女はメディアの反応に過敏になり、傷ついていたのだ、と。著書のなかで、ヴァレリーさんは外遊したときに好印象をもった首脳夫人の何人かについて触れているが、安倍昭恵さんもその1人だった。

宮中晩餐会の前夜、安倍首相夫妻は大統領カップルを私的夕食会でもてなした。ヴァレリーさんによると、昭恵さんは2013年の参議院議員選挙で、自分が推薦した候補者が元暴力団組長だったと週刊誌に叩《たた》かれた話をした。これはメディアのバッシングを受けていたヴアレリーさんを大いに笑わせ、心を慰めてくれたという。

「毎回、何か話せばメディアはそれを面白おかしく取り上げると、昭恵夫人はユーモアたっぷりに話してくれました。安倍首相が原発政策を推進しているとき、昭恵夫人は反原発を公言することも厭《いと》わない」

と書いている。

昭恵さんもある講演で、このときの夕食会について触れている。昭恵さんとヴァレリーさんは、安倍首相とオランド大統領が原発問題を話している横で、女性問題で盛り上がり、コンゴで女性が性暴力の犠牲になっている話になって、「来年、一緒にコンゴにいきましょう」と約束したという。ヴァレリーさんにとって日本訪問は、心落ち着くことのないエリゼ宮の日々にあって、ほっとひと息ついた、短いながらも安らぎのひとときだったことが窺える。

とくに晩餐会をはじめとする両陛下の接遇、なかでも皇后との会話、皇后から優しくかけられた言葉は、あることないことを言われて攻撃を受けてきたヴァレリーさんには心に染みるものではなかっただろうか。これを考えると、本を締めくくる最後のところの「最も素晴らしい…魂を奪われるような思い出としていまも心に残っている」との表現に、溢《あふ》れ出るものを感じるのだ。

ヴァレリーさんへのインタビュー

この本を読んでから9カ月後の2015年7月、私はヴァレリーさんにインタビューする機会を得た。フランスの人道支援団体「人間の絆《きずな》（SPF）」は日本財団とともに東日本大震災の被災地支援を行っていたが、SPFに同行してヴァレリーさんが来日することを聞いたからだ。日本財団を通じてインタビューを申し込むと、受けるとの回答を得た。

SPFの一行は宮城県石巻市《いしのまきし》の長面《ながつら》地区の漁港を訪れることになっていて、私は仙台市で合流した。以下のインタビューは長面地区に行く前日の同年7月4日、仙台市内の宮城大学で行った。

——ご著書のなかで宮中晩餐会を「魂を奪われるような最高の記憶として残っている」と書かれています。説明していただけますか。

「皇居は実に印象深い場所です。雰囲気、伝統、引き継がれてきた外交儀礼の重みと、歴史のなかにいるような思いでした。禅にも通じる精神性が満ちています。美智子妃とは2回、通訳を入れて話しましたが、私が恵まれない子供たちの人道支援団体の代表をしていることや、アフリカに関心をもっていることなど、私がやっていることを実に詳しくご存じで、よく準備していただいていると感じました。

インタビューに応じてくれたヴァレリーさん（著者撮影）

皇后は本当にお優しく、私にとっては夢のような時間でした。確かに『ヴァレリーとファーストネームでお呼びしていいですか。私のこともミチコと呼んでください』と言われました。しかしとても失礼に思われてできませんで、私は皇后とお呼びしてお話ししました。相手に対する思いやりと、温かみ、深い配慮をお持ちの方だと感じます」

——安倍昭恵さんのことも本で触れています。

「昭恵夫人とは2年前、国賓として来日したときや、国際会議で何度かご一緒しました。私は彼女と似ているところがあって波長が合い、好きでした。訪日したとき、昭恵夫人は『選挙で元暴力団組長を推薦』と週刊誌に書かれたと面白そうに話してくれましたが、私もフランスの総選挙（2012年6月）で社会党候補でなく、対立候補を支持して非難されました。しかし昭恵夫人は勇気があります。もし私が原発反対を言ったら、大きなスキャンダルになっていたでしょう。

昭恵夫人は女性に対する性暴力に反対する議定書にも署名してくれました。問題を国際的にアピールするため他のファーストレディーと一緒にコンゴに行きましょうとも話していました」

——メディアの激しい攻撃に晒《さら》されたことをご著書で明かしています。

「最初のころ、私は手持ちの服を着ていたのですが『シックでない』と批判されました。それを聞いたディオールなど高級ブランドのメゾンが服を融通してくれるようになりました。すると今度は『贅沢《ぜいたく》をしている』と非難されました。いま着ている服はそのときのものです(笑)。あるメディアからは『ソファーのクッションを買った』と批判されました。私はクッションを買ってはいませんが、そんな些細《ささい》なことさえ批判されるのです」

これ以外にも、ファーストレディーの役割の難しさ、ジャーナリストに戻った感想、今後の抱負など、多岐にわたって聞いたが、本書の趣旨ではないので割愛する。

インタビューの翌日、ヴァレリーさんはＳＰＦの一行と、74人の児童が亡くなった石巻市の大川小学校跡を訪れ、また長面地区の漁港では漁業にたずさわる人々と交流した。私も同行したが、大川小学校で孫を亡くしたという年老いた男性と話したときの深刻な表情、漁港で働く女性と肩を組んで写真に収まるリラックスした表情、湾内の牡蠣《かき》養殖場を漁船で回ったときの嬉々《きき》とした表情と、もうメディアの視線を気にしなくていい解放されたものを感じさせられた。

美智子妃の魅力を語る人々

美智子妃の優しさ、思いやり、細部への気配りは多くの人が語っている。

１９８７年、まだ皇太子、皇太子妃だった両陛下が訪米したとき、米ホワイトハウスの儀典長だったセルワ・ルーズベルト女史は、美智子妃のワシントン市内のホスピス訪問に同行した。美智子妃は身をかがめて１人ひとりに優しく声をかけ、彼らの言葉に聞き入った。

「妃殿下が年老いた１人ひとりに示された優しさに、私は強く心を打たれました。儀典長在任中、仕事で涙がこぼれたのはこのときだけで、涙を止めるのに苦労しました」

と同女史はその著書『門の守護人』（Keeper of The Gate）で書いている。同女史は１９８２年から１９８９年までの７年間、レーガン大統領の下で儀典長を務めた。ホワイトハウスの儀典長７年は、現在も最長記録である。

抜群の記憶力をもっていることは前述のとおりだ。ずっと前に１度だけ会った人のことも覚えていて、当時交わしたちょっとした話に触れられたので驚かされた、ということも聞いたことがある。

1998年、中国の江沢民《こうたくみん》国家主席が国賓として訪日したとき、駐中国大使だった谷野作《たにのさく》太郎《たろう》氏は皇后に、「江沢民国家主席の王冶坪《おうやへい》夫人に合わせてゆっくり歩いてください」とお願いした。

江沢民国家主席はこの前に米国に行っており、谷野氏は駐北京米大使に江沢民国家主席を迎える上でのアドバイスを求めた。米大使はいくつか挙げたが、そのなかに「国家主席夫人の面倒をきちっとみる」ことがあった。王冶坪夫人は足が悪いのだが、ホワイトハウスでの晩餐会のとき、江沢民国家主席は夫人を置いて先に行ってしまった。そのときヒラリー・クリントン大統領夫人は王冶坪夫人が1人残されないように一緒に歩いたという。

晩餐会の当日、江沢民国家主席は予想通りスタスタ早く歩き、天皇はそれに合わせて一緒に歩かざるを得なかった。そのうしろの方で皇后は王冶坪夫人をいたわるように、横に並んでゆっくりと歩いた。

2016年1月、両陛下がフィリピンを国賓として訪れたとき、日刊紙フィリピンスターのジャーナリスト、エルフレン・クルス氏は思いがけない体験をした。1月28日、日本大使公邸で両陛下を歓迎するレセプションが開かれ、大勢の日比両国関係者に交じってクルス氏も招かれた。

両陛下の到着前、日本側から細かい注意が招待者に与えられた。大広間で招待者らは両陛下とアキノ大統領の前に順次進み出て、握手することになっていた。写真は撮ってはならず、スマホのスイッチを切っておくこと、握手のときは両陛下が手を差し出さない限り、先に手を差し出してはならない、贈り物を渡してはならない、両陛下が話しかけない限り、声をかけてはならない、話しかけられたらハッキリと答え、長々としゃべってはならない…。

クルス氏の番になり、進み出ると皇后と向き合う形になった。だれかが同氏のことを紹介した。皇后は手を差し伸べ、握手した。

「ジャーナリストの方ですか」

そうですと答えると、

「何を書いていらっしゃるのですか」

日刊紙にコラムを書いていると言うと、

「新聞の名前は」

フィリピンスターと伝えた。

「日本にもありますよ。どのようなテーマを書かれているのですか」

ここにきてクルス氏は、こんなに話していてよいものかちょっと戸惑った。しかし皇后が

心底関心をもっているようだったので、両国関係を含めて最近書いたコラムのことを話した。すると皇后は、

「ありがとう」

と言い、横にいた天皇に、

「この方はジャーナリストですよ」

と紹介した。すると天皇は、

「ありがとう」

と手を差し出した。

クルス氏はフィリピンスターにこの体験記を書き、皇后についての印象をこう述べた。

「両陛下が広間に入ってきたとき、皇后への第一印象は、か弱い女性ということだった。しかし対面すると、握手は力強く、声はしっかりしていて明瞭だった。彼女の英語は完璧《かんぺき》で、この上なく優雅で魅力あふれる人柄だった」

同氏はこれをフェイスブックにもアップしたので、私はメールで、もう少し詳しく皇后と話した内容と皇后の印象を教えて欲しいと頼んだ。翌日、メールが返ってきた。

「皇后は私がどのようなコラムを書いているか興味を抱いたので、フィリピンの内政、外交、国際政治全般について書いていることを話しました。拙著『アキノ・レガシー』についても

説明しました。皇后はうわ辺やお世辞といったものとは無縁の、強い芯《しん》のなかに誠実で真摯《しんし》なものをお持ちで、話していて引き込まれました。日本の皇后との個人的な接触は、私にとって忘れ得ない上質の体験となりました」

先のルーズベルト女史は、ホワイトハウスで開かれたレセプションでの皇太子と美智子妃の様子を、儀典長らしい観察眼で見ている。

「両殿下は顔を合わせた人と表面的なあいさつではなく、本当の会話をなさっていました。質問をしては、その答えに真剣に聞き入り、人々が周りを囲んでいるのにも気づかれてないようでした」（前掲書）

まさにクルス氏も本当の会話をしたのだろう。

クルス氏は体験を明かしてくれたが、多くはその場限りのできごとのため、なかなか広く知られない。次のケースは皇后自身が明かしてくれたため、一般の知るところとなった。

１９９４年６月、国賓として米国を訪問した両陛下を歓迎する晩餐会が、ホワイトハウスで開かれた。晩餐会の冒頭、両陛下とクリントン米大統領夫妻に、約１５０人の招待客を引き合わせる「紹介の儀」が行われた。招待客がレシーヴィング・ラインを作り、名前が呼ばれると１人ひとり前に進み出て、まず両陛下に、つづいてクリントン米大統領夫妻にあいさつをする。

ある名前が呼ばれ、1人の米国の老紳士が皇后の前に進み出た。皇后が手を差し伸べると、老紳士も手を伸ばし、握手をしながらこう言った。

「HoPo, GruRu HoPo, GruRu　What is this?」（ほーぽー　ぐるる　ほーぽー　ぐるる　これは何でしょう?）

皇后は微笑んで、すぐ英語で返した。

「まどさんのヤマバトの詩!」

この老紳士は名優ヒューム・クローニンで、当時82歳。皇后が英訳した詩人まど・みちおさんの「どうぶつたち（The Animals）」（1992年出版）のなかの「ヤマバト」の一節を暗唱したのだった。

日本語の数節はこうだ。

「耳を　すますと／もう　きこえない／わすれていると／ほら　また　よぶ…／あんなにがんこに／大昔の　なまりで／それで　なければ／つうじないかのように／ほーぽー　ぐるる／ほーぽー　ぐるる」

皇后は翻訳で、ヤマバトの鳴き声をそのまま英語に生かしたのだった。

あとにはまだ招待者が控えているため、クローニンとはほんの束の間の交流だったが、皇后はその夜宿舎に戻り、そのことを思い返し、うれしい気持ちでいっぱいになり、幸せだったという。

この話はホワイトハウスの晩餐会から数カ月後、まど・みちおさんの国際アンデルセン賞受賞を祝う日本国際児童図書評議会（ＪＢＢＹ）の会が東京で開かれたとき、出席した皇后自身が祝辞のなかで明かした。

皇后はこのときの祝辞を、次のように締めくくっている。

「『ほーぽー　ぐるる』は私の翻訳ではなく、まどさんの詩のなかの言葉をそのまま、訳詩のなかで使わせていただいたものです。まどさんの〝ヤマバト〟は、まどさんの〝ヤマバト〟の声で、海をわたり、海の向こうのお国で、やはりがんこに大昔のなまりのままで、啼《な》いています」

クローニンは２００３年に亡くなったが、晩餐会での皇后の即答はうれしかっただろうし、こどもの詩を通して皇后とクローニンの間には明らかに心の交流があった。

美智子妃の優しさ、思いやりが、日本の皇室というものを外国人に考えさせ、皇室が象徴する日本のたたずまい、国柄、国の形というものに思いを馳《は》せる一助になっていることは覚えておいていい。

第5章　英王室と皇室の長く深い縁

戦中、戦後の怨讐《おんしゅう》を超えて

世界の君主が一堂に会したパーティー

東京・千代田区一番町《いちばんちょう》にある英国大使館は広い敷地を有しており、一角に大使公邸の別棟がある。大使主催のパーティーのときは、公邸1階の数ある広間は来客用に開放され、庭には飲み物や食べ物が並ぶ。

エリザベス英女王の即位60年を祝うパーティーが開かれた2012年6月6日も、公邸の広間と庭は大勢の招待者で賑《にぎ》わった。

女王の即位60年そのものとは別に、飲み物コーナーに英国のワインがズラリと並んだのが目を引いた。かつては冷涼な気候のためワイン不適地だった英国も、最近の温暖化でワイン生産が盛んになり、こうしたパーティーは格好の英国ワインPRの場である。

英国ワインをいくつか試飲していると、知り合いの日本人が声をかけてきた。話は半月ほど前の5月半ば、天皇、皇后両陛下が女王即位60年のお祝いで訪英したことに及んだ。

「それにしてもなぜ英国で、天皇は末席に座らされたのでしょうね」

この人は納得できないという表情で言った。私は別の機会でも同じことをたずねられていて、この人で3人目だったたから、すぐ言わんとしたことを理解した。

英女王の即位60年を祝う午餐会《ごさんかい》が5月18日、世界の26人の君主・王族を招いてロンドン郊

【下段左から】天皇（日本）、ベアトリックス女王（オランダ）、マルグレーテ2世女王（デンマーク）、コンスタンチン国王（ギリシャ）、ミハイ1世国王（ルーマニア）、エリザベス2世女王（イギリス）、シメオン国王（ブルガリア）、ボルキア国王（ブルネイ）、カール16世グスタフ国王（スウェーデン）、ムスワティ3世国王（スワジランド）、ハンス・アダム2世（リヒテンシュタイン）
【中段】アルベール2世公（モナコ）、アンリ大公（ルクセンブルク）、レツィエ3世国王（レソト）、アルベール2世国王（ベルギー）、ハラルド5世国王（ノルウェー）、ハマド首長（カタール）、アブドラ国王（ヨルダン）、ハマド国王（バーレーン）、アブドル・ハリム国王（マレーシア）
【上段】ナセル王子（クウェート）、モハメド皇太子（アブダビ首長国）、カラジョルジェビッチ皇太子（旧ユーゴスラビア王国）、ツポウ6世（トンガ）、ワチラロンコン皇太子（タイ）、ラーラ・メリヤム王女（モロッコ）、ナワフ王子（サウジアラビア）
写真　ユニフォトプレス

外のウィンザー城で華やかに開かれたが、午餐会の前、英女王を囲んで君主・王族たちの記念写真が撮られた。

20世紀はじめには多くを数えた君主国だが、いまでは国連加盟193カ国（2016年1月現在）のうち君主をいただく国は、英女王を君主とする英連邦国は除いて約30カ国。全体の15%にすぎない。こういう機会でもない限り、「君主ファミリー」が一堂に集まることはない。エリザベス女王の威光というべきだろう。

記念撮影に際しては3列に並ぶよう、各君主・王族が占めるべき位置には事前に国旗が立てられた。天皇はその指示どおり最前列の右端に座った。最前列のなかでは末席で、日本でも新聞に写真が載ったから多くの人が目にしただろう。私も写真を見て、おやと思った。

27人のなかで最年長者は、女王の右手にいるルーマニアのミハイ1世（90歳）、次にエリザベス女王（86歳）、3番目に天皇（78歳）とくる。しかし天皇はオランダのベアトリックス女王（74歳）よりも席次は低く、年齢順ではないことは明らかだ。国名や名前のアルファベット順でもない。国内総生産（GDP）の大きさ順でもなさそうだ。

気になって、バッキンガム宮殿の儀典担当に国際電話で問い合わせると
「特段の意味はありません」

との木で鼻を括《くく》ったような回答が返って来た。

意味がないはずはないだろう。英王室はそれなりのルールに基づいて席次を決めたはずである。

例えば主要7カ国首脳会議（G7サミット）の記念撮影では、ホスト国の首脳を中心に元首である大統領がホスト国に近い位置に、首相級はその外側の位置に立つ。同じ大統領のなかでは米国などの大国や、在任期間の長い大統領がよりよい位置にくる。首相級も同様のルールだ。では君主国だけの代表が集まった場合、代理出席の王族は別にして、国王や女王、天皇のような一国の元首を納得いく形でどう配置すべきか、難しい問題だ。

写真をにらんでいて気が付いた。即位順なのだ。君主・王族は3列に並んでいて、一番後ろの3列目は、君主の座に即《つ》いて間もない人や、君主の代理出席の王族。2列目は、君主のなかで比較的即位の遅い君主。最前列は即位の早い君主たちである。

最前列の向かって左から順に即位からの年数をみていくと以下のようになる。

天皇23年、オランダ女王32年、デンマーク女王40年、ギリシャ国王48年、ルーマニア国王94年、英女王60年、ブルガリア国王68年、ブルネイ国王45年、スウェーデン国王39年、スワジランド国王26年、リヒテンシュタイン大公23年。

英女王を中心にして、在位年数の早い人から順に並び、最前列では天皇とリヒテンシュタイン大公が在位年数では最も遅いので、両端に座ることになる。年齢では天皇は3番目に年長だが、在位年数では他の君主に比べてさほど長くはないのだ。

知り合いにそう説明すると、

「なるほど。それならわかります」

と納得した顔で去っていった。

この記念写真はなかなかに面白い。在位年数が上位にあるミハイ1世国王（ルーマニア）、シメオン国王（ブルガリア）、コンスタンチン国王（ギリシャ）の3人は、本国は王制を廃止しているため公的な地位を保持してない。自分たちが国王と称しているだけである。

このうちコンスタンチン国王は本国からパスポートを取り上げられ、当時ロンドンで亡命生活を送っていた。3列目にいるカラジョルジェビッチ皇太子のユーゴスラビアにいたっては、国自体が7つに解体して存在しない。

ただミハイ1世は英ヴィクトリア女王（在位1837〜1901年）の玄孫で、シメオン国王も同女王につながる。コンスタンチン国王もフィリップ殿下の血筋。カラジョルジェビッチ皇太子も英王室につながる。つまり英王室は女王と遠戚《えんせき》で、いまも王位継承権を主張する人間を、「君主ファミリー」の一員として招待し、記念撮影に加えたのである。

天皇とオランダのベアトリックス女王を隣同士にしたことにも、オランダ王室と皇室の深い交流を知る英王室の配慮が感じられる。ちなみにベアトリックス女王はこの翌年に退位する。君主として在位年数が世界で最長なのはタイのプミポン国王（１９４6年即位）で、次がエリザベス女王。プミポン国王はここ数年、病床にあり、このときはワチラロンコン皇太子が名代で出席した。

しかし女王のお祝いに駆けつけた26人の君主・王族の全員が、英世論に温かく迎えられたわけでなく、また政治問題とまったく無縁というわけでもなかった。

英メディアの批判を浴びたのはバーレーンのハマド国王。前年の「アラブの春」の余波で同国でも民主化を求める運動が起きていたが、国王は武力で押さえつけていた。英元外務次官が「国民を武力で弾圧するような君主を招くべきでない」と批判したことに対して、英外務省は「午餐会は政治的イベントではない」と弁明した。

メディアが皮肉混じりに取り上げたのはアフリカ南部のスワジランドのムスワティ3世。絶対王政を敷く国王は、13人いる妻のうち第3夫人を同伴した。「国民が貧しさにあえいでいるのに贅沢《ぜいたく》な暮らしをしている」と英紙は書いた。

出席を予定していたスペインのソフィア王妃は、イベリア半島南端の英領ジブラルタルの領有権争いから、直前に欠席を決めた。

ジブラルタルをめぐっては、英国とスペインの間で約３００年にわたり領有権争いが続いている。エリザベス女王の三男、エドワード王子が6月にジブラルタル訪問を予定していて、これにスペイン政府が反発していた。ソフィア王妃は招待を受け入れていたが、同国政府が「現在の状況下では不適切」と、王室に出席取りやめを求めていた。

英王室の天皇への心配り

そのなかで天皇と美智子妃は手厚いもてなしを受けた。出席した各国君主のなかで、1953年のエリザベス女王の戴冠式《たいかんしき》に列席しているのは、天皇とベルギーのアルベール2世国王だけ。また皇室と英王室の長い交流に加え、天皇が術後の療養が明けて間もない時期に、祝賀のために駆けつけてくれたことへの感謝もあったはずである。

天皇はこの年の2月、東大病院で心臓の冠動脈バイパス手術を受けた。手術は成功し3月はじめに退院した。その後、療養していたが、公務に復帰した4月10日に、来日中の英国のキャメロン首相と会見した。この席でキャメロン首相は、英女王の「即位60年の祝賀で、お会いできればうれしい」とのメッセージを伝え、天皇は「お心遣いに感謝します」と応じた。天皇は公務復帰の初日に同首相と会うことで、訪英への意欲をメッセージとして伝えたものと思われる。

英女王主催の午餐会が開かれるロンドン郊外のウィンザーに到着した君主・王族は伴侶《はんりょ》と共に、エリザベス女王と夫君フィリップ殿下の出迎えを受けた。両陛下そろっての訪英は通算7回目で、２００７年5月以来5年ぶり。久しぶりに対面する女王、フィリップ殿下としばしにこやかにあいさつを交わした。皇后は和服姿だった。

午餐会に先立ち、「ワーテルローの間」で食前酒のカクテルタイムがもたれ、両陛下はじめ他の王族や君主は、ホストのエリザベス女王夫妻を中心に、女王の孫で前年結婚したウィリアム王子、キャサリン妃夫妻や、ヘンリー王子など英王族と旧交を温めた。この場で、両陛下は東日本大震災に際しての日本への支援に感謝の言葉を述べた。

先に触れた記念撮影を終えると、一行は午餐会のもたれる「聖ジョージの間」に移動した。出席者は99人。広間には12人掛けの丸テーブルがいくつも配され、それぞれのテーブルに各国の君主・王族のカップルとホストの英王族が座った。

天皇、皇后両陛下はエリザベス女王、フィリップ殿下と同じメインのテーブルで、天皇は女王の左隣という2番手の上席を与えられた。女王の右手の最上席はスウェーデンのカール16世グスタフ国王が占めた。皇后はその国王の右手の席だった。

両陛下がエリザベス女王とは懇意の間柄とはいえ、皇室よりも行き来のある多くの欧州の王室をさしおいて、両陛下を上席に就けたところに女王の心配りが窺《うかが》える。公的な記念撮影での立ち位置は、客観的基準の「在位年数順」に従ったが、午餐会の席次は女王との親密さという主観的な基準を念頭に決められたと言ってもいいだろう。

この日のメニューにはすべて英国産の食材が使われた。

半熟卵にアスパラガス
ウィンザー地方の仔羊《こひつじ》、ポテト、アーティチョーク、エンドウ、ニンジンと共に、トマトとバジルのサラダ添え
ケント産のイチゴとバニラのケーキ、果物を添えて

天皇が英女王の隣に座り、食事を共にしながらなごやかに歓談するのは、皇太子として女王の戴冠式に列席した59年前には想像もできなかった。午餐のあと、両陛下は広間の絵画を鑑賞し、ウィリアム王子夫妻と言葉を交わすなど、予定時間を超えてウィンザー城に滞在した。宮内庁によると、両陛下は大変うれしそうな様子だったという。

エリザベス女王は天皇より7歳8カ月、歳上だ。即位してから2012年までの60年間に、女王はのべ102カ国の元首を国賓として迎え、のべ87カ国を国賓として訪問した（英王室のサイトより）。国賓を迎えるのは年ほぼ2人のペースで、外国訪問の回数はその年によって異なるが、世界で最も多くの国を訪問している元首である。2012年のこのとき86歳。女王の元気な姿に触れ、天皇も元気づけられたはずである。

両陛下が世界へ語った感謝の思い

その夜は、場所をロンドンのバッキンガム宮殿に移して、チャールズ皇太子夫妻が主催する晩餐会が催された。21カ国の君主・王族が出席し、天皇は黒のスーツ、皇后は白と黒のドレス姿で、車で宮殿に到着。衛兵が立ち並ぶなか、にこやかな表情で玄関に入った。昼が女王の個人的なもてなしだとすると、夜は皇太子夫妻による公式イベントだった。

午餐会には出席しながら、晩餐会には欠席した君主・王族がいた。バーレーンのハマド国王もその１人。英メディアから浴びた人権弾圧批判に立腹したものか、目立たないようにしたものかは不明だった。ルーマニア、ギリシャ、ブルガリアの国王、ユーゴスラビアの皇太子を自称する４人の姿もなかった。公式晩餐会という位置づけを考えれば当然だった。

今回の両陛下の旅は、エリザベス女王の即位60年の祝賀への出席とともに、「君主ファミリー」の旧交を温める機会でもあったが、意味合いはそこに留《とど》まるものではなかった。

２００９年７月、両陛下のカナダ訪問で随行スポークスマンを務め、間近で両陛下を見てきた元駐カナダ日本大使の沼田《ぬまた》貞昭《さだあき》氏はこう語る。

「両陛下は外国において日本国民の友情と善意と親愛の情を代表して行動し、相手から受けた友情と善意と親愛の情を、日本の国民に伝えることがご自分たちの務めと考えておられる」
両陛下は私人としてではなく、日本国民の気持ちを体し、日本国民の名において行動する。東日本大震災から1年余り。震災に際して、各国から寄せられた友情と善意と親愛の情に対して、日本国民を代表して各国の元首に直接お礼を述べ、感謝の気持ちを伝えることも、旅の大きな目的だった。

両陛下は午餐会の前日の17日夕、東日本大震災で救助や募金活動などの支援に当たった英国人ら約１００人をロンドンの日本大使館に招いて、感謝の気持ちを伝えた。

招待客には、震災直後に救助隊員69人と救助犬２匹を率いて岩手県の大船渡市《おおふなとし》と釜石《かまいし》市に入った英国救助隊の消防士のロイ・ウィルシャーさんや、日本で復興支援のショーを開催したファッションデザイナーのポール・スミスさんらもいた。

天皇はあいさつで

「それぞれの方々とお話を始めます前に、ここにおられるすべての皆さんに、一言お礼を述べたいと思います」

と述べ、英語でこう語った。

「私ども――皇后と私、そして数多くの日本国民は、昨年3月11日、痛ましい大災害が日本を襲った際、英国の人々が時をおかずに示された対応に深く感動致しました。この国の多くの人々が、災害の犠牲者に対し同情を示して下さったにとどまらず、困難な状況に置かれた被災者のために、多岐にわたる貴重な救援活動を迅速に実施されたことは誠に心励まされることでした」

「皆さんの思いやり溢《あふ》れ、また実効性に優れた救援活動は、これまで日英両国民の間で長きにわたって育《はぐく》まれてきた深い友情を、さらに強めるものであったことと感じております。このような貴重な支援活動を企画、実施するにあたり、大きな役割を果された皆さん方に対し、英国女王陛下の即位60周年というこの記念すべき機会に、私どもの心からの感謝を直接お伝えできますことを誠にうれしく思います。ありがとう」

天皇は日本国民を代表し、日本国民の気持ちを英国の人々に伝えたのである。天皇はこのあと、皇后とともに招待客らと懇談した。

外務省によると、英政府は茨城県に飲料水約100トンを、東京電力などに放射線測定器約600個や防護マスクなどを提供。英国のスーパーは5月にカップ麺《めん》計15万食を岩手県と宮城県石巻市に送った。

震災直後、天皇にはエリザベス女王から「地震によって人命が失われたことを悲しく思います。われわれの祈りと思いを被害に遭ったすべての方にささげます」という電報が届いた。

私の知る限り、日本にある各国大使館のなかで、東日本大震災への対応が最も冷静だったのが英国大使館だった。

3月11日、デイビッド・ウォレン大使は地震が起きるや、大使館員に号令をかけて飲み水や食糧品などの物資を調達させ、2日後の13日、支援物資を積んだ車を連ねて被災地に向かった。最も早く被災地に入った大使だった。まず仙台市に入り、次いで宮城県の南三陸町《みなみさんりくちょう》、多賀城《たがじょう》市などの避難所を回り、英国人の安否確認をして、無事だった人に食糧などの物資を配った。

英国大使館もそのサイトでほぼ連日、福島第一原発事故について英国の物理学者らの見解やインタビューを掲載し、在日英国人のために情報を提供した。「東京にいる限り、パニックになったり、慌てる必要はない。落ち着いて行動すること」とのトーンは一貫していた。英国人以外でも、これを参照していた外国人は少なくなかった。

震災による混乱が一段落したとき、私はいくつかの震災関連のシンポジウムにパネリストとして参加する機会があったが、英国の冷静な対応は他の何人かのパネリストにも共有されていた。公平を期するならば、イタリア大使館も立派だった。ビンチェンツォ・ペトローネ駐日大使は、

「友好国の困難な時期に、われわれは東京に残って連帯を証明する」

「在日のイタリア企業は日本経済を助けるために業務を停止しないでほしい」

との声明を出した。

震災への各国大使館の対応は二分された。英国やイタリアのような国がある一方で、放射能汚染に危機感を抱いた国は、東京にある大使館を閉鎖したり、関西などへの機能移転を命じた。このような国は震災後２週間の時点で25カ国に上り、ドイツ、スイス、フィンランド、オーストリアなど、放射能汚染に敏感な欧州の国が中心だった。

ドイツのシュタンツェル駐日大使は、大使館機能を関西に移すようにとの本国の指示に強く反対したといわれる。日本語も堪能《たんのう》な大使は、東京にとどまることが日本との連帯を示すことになると主張したが、最終的には指示に従わざるを得なかった。「大使は本当に怒っていた」と、私は大使の友人から聞いた。

フランス大使館は東京にとどまったが、フランス企業ではパニックになったフランス人社員が、政府が派遣した特別機で一斉に帰国し、業務が麻痺《まひ》する事態になった。後日、フォール大使は日本の新聞紙上で「大使館は一切、退避勧告を出していないが、大使としてお詫《わ》びしたい」と謝罪した。

英国滞在最終日の19日、両陛下は日本大使公邸で英国在住の邦人約１００人と面会し、天皇はこうあいさつした。

「ほぼ60年前、英国の対日感情が決して良好とは言えなかった時代に昭和天皇の名代として戴冠式に参列した私には、今日まで日英間に結ばれて来た強い絆《きずな》に深い感慨を覚えます。これはひとえに皆さん方在留邦人が、英国の人々と共にたゆみなく相互理解と友好を培ってきた努力の表れと思います」

両陛下はこのあと1人ひとりと言葉を交わしたが、このなかには柔道女子金メダリストの塚田真希《つかだまき》さんや、太鼓奏者の廣田丈自《ひろたじょうじ》さんらもいた。同日夕、両陛下はヒースロー空港から政府専用機で帰国の途に就いた。

日本にとって最高の外交資産

世界の元首が集う饗宴《きょうえん》で、天皇がエリザベス女王の厚遇を受けることは、いまではさほど驚くべきことではないが、昭和天皇の名代として、当時皇太子だった天皇が英女王の戴冠式に出席した（正確には）59年前を考えれば隔世の感がある。

英女王戴冠式出席への招待に皇太子が応じることになった理由はいくつかある。

1つ目に、昭和天皇が1921年に欧州を歴訪したように、将来、天皇となる皇太子に、この機会に広く世界を見てもらっておく必要性があるとの認識が、皇室およびその周辺で強く共有されたこと。2つめに、戦争が終わったとき皇太子は12歳で、直接の戦争責任はなく、しかも米国のヴァイニング夫人から英語教育を受けるなど、民主主義の洗礼を受けた新しい戦後世代として見られていたこともあった。

戦前、英国と関係の深かった高松宮などの皇族は戦争中、軍籍に入っており、戦火を交えた英国をはじめとする欧米の国々を訪れるのは相応《ふさわ》しくないという考えもあった。

天皇の「今日まで日英間に結ばれてきた強い絆に深い感慨を覚えます」との言葉には、日英関係を見つづけてきた天皇ならではの真情が表出している。

天皇が明仁皇太子だった１９５３年（当時19歳）、英国政府の招待を受けてエリザベス女王の戴冠式に出席し、合わせて半年以上にわたって欧米14カ国を訪問した。日本がサンフランシスコ平和条約により独立してわずか１年。英国をはじめ多くの国で日本への遺恨が残っていた。

外遊中、若い皇太子に直接その遺恨がぶつけられることはなかった。しかし訪問した国の人々の眼差《まなざ》しに、決して手放しの歓迎だけでないものが混じっていることを感じただろうし、日本への厳しい新聞論調と世論を周囲から教えられてもいた。それは国際社会の日本への視線として、皇太子にさまざまなことを考えさせる契機となったと思われる。

ただ皇太子個人の体験を離れてもこの外遊が重要なのは、皇室外交の一環としての外国訪問で、その基本的枠組みが決まったことにある。

まず随員の任命や人数、随行団の構成とその決定、経費の支出、訪問国での有力者との会見設定など、このあとの天皇や皇太子の外国訪問にとって前例となることが多く決められた。現在も、天皇の外遊にあたっては、訪問国のメディアに対する事前の根回しが、日本大使、もしくは公使レベルで行われるが、これも1953年から始まった。

また皇太子の外遊の法的根拠をどこに求めるかについてもこの外遊で決まった。新憲法が定める国事行為には外国訪問に関する規定がなく、そこで出てきたのが「公事」という考えだった。国事そのものではないが、事実上の国事としての行為である。これがのちに天皇の「公的行為」という論理に集約されていく。

すなわち天皇の行為には、①国家機関としての国事行為、②象徴としての地位を反映する公的行為、③私的行為の3つがあるとする。このうち公的行為は1つの基準で縛れないから、憲法に反しない限りでという範囲で、内閣の責任の下、さまざまなことができることになる。国会開会式のおことば、植樹祭や国民体育大会などの式典への出席、被災地のお見舞い…。

皇室外交との関連で言えば、天皇や皇族の外国訪問も「公的行為」と位置づけることによって、政府判断で皇室を外交に（誤解を恐れずに言えば）「使う」ことができるようになった。これによって皇室が外交資産としての価値と役割を高めたのは疑いない。

「皇室は日本にとって最高の外交資産」というのは外交に携わる者が異口同音に言うことである。日本の首相が何度訪問しても成し得ない和解や友好関係の強化を、両陛下が訪問することで可能にした例は少なくない。
なかでも日本の皇室は世界でも希《まれ》な、長い一貫した系統を保持しており、これに匹敵するのはバチカンのローマ法王ぐらいだ。これによって皇室は多くの国の敬意を集め、国際社会における皇室の尊厳と権威をより厚いものにしている。その天皇の訪問は、迎える側にとって自国の立場を国際社会で高めることに繋《つな》がるため、一目も二目も置くことなのである。皇室外交のポテンシャルと言えるだろう。

敗戦後の激流のなか、英国訪問

1953年、毎年1月に開かれる新春恒例の歌会始は秩父宮《ちちぶのみや》の死去もあって2月5日に延期された。この年の「お題」は、皇太子の外遊に合わせ「船出」だった。約2カ月後に外遊を控えた皇太子はこう詠んだ。

荒潮のうなばらこえて船出せむ広く見まはらむ外国《とつくに》の様

19歳の皇太子の武者震い、まだ見ぬ世界への期待が伝わってくる歌である。ちなみに美智子皇后はこの皇太子の外遊を、のちに振り返ってこう詠んでいる。

わたつみに船出をせむと宣《の》りまし し君が十九の御夢思ふ

当時の新聞は、紙の入手難もあって薄い。朝刊は8ページ、夕刊は4ページ。皇太子が出発する3月30日の夕刊は、ほぼ全面このニュースで埋められた。

毎日新聞の一面は宮内庁玄関で昭和天皇、皇后の見送りを受けて出発する皇太子の写真を大きく掲げ、「皇太子さま・行ってらっしゃい・お元気で」と横見出しを打った。

中面は、沿道で日の丸を打ち振る子供たちや、横浜港の米客船「プレジデント・ウィルソン号」に乗り込む皇太子、また船の全体を上空から捉《とら》えた空撮写真を載せ、「若き皇太子の旅路安かれ」の見出し。

「主な見送り人」欄では113人の名前を列挙。皇族のほか、吉田茂《よしだしげる》首相を筆頭に閣僚や最高裁長官、また外交団は米英など各国大使をはじめとして、ほぼすべての在日公館長が顔を揃えたのではないかと思わせた。

社会面には「感激にふるえる老婆」の見出しで、皇太子を宮内省（当時）の産室でとりあげた、80歳になる元助産婦の涙の見送りの様子が載っている。「あのときの皇太子さまがこんなに立派になって…」との談話。

朝日新聞と毎日新聞の主要全国紙は、記者とカメラマン合わせて3、4人を同行させ、6カ月余にわたる皇太子の外遊を密着取材させた。さらに米国や欧州では、別途、特派員も動員した。独立から1年。エリザベス英女王の戴冠式への皇太子の出席は、敗戦に打ちひしがれた日本の国際社会復帰を祝う国家的イベントだったことが、この報道態勢からわかる。

ただ皇太子訪英を伝える同じ紙面には、時代の激流が渦巻いていたことを教えるニュースがひきも切らない。戦後のひきつづく混乱と冷戦激化の、2つの激流である。

皇太子の記事の横には、中国大陸からの引き揚げが始まったことや、シベリア抑留者の帰国が報じられている。グアムやフィリピンのジャングルに隠れている元日本兵の消息探しに日本政府が着手したとの記事もある。

皇太子の出発前の3月4日、ソ連が「スターリン首相重体」を発表。皇太子が太平洋上にいたころ、インドシナではフランス植民地軍の敗退を決定づけるベトミン軍の一大攻勢がはじまった。フィリピンのキリノ大統領が死刑囚を含めた日本人戦犯108人全員の特赦を決定したとき（6月27日）、皇太子はスペインを旅行していた。皇太子がオランダを旅していた7月には、朝鮮戦争の休戦協定が板門店《はんもんてん》で成立した。そんな激動の時代だった。

日本人隔離政策中のカナダ、零下の駅に現れた皇太子

皇太子の乗った船は3月30日午後4時、出航した。ホノルルに立ち寄り、4月11日、サンフランシスコに上陸。飛行機でカナダに飛び、ブリティッシュ・コロンビア州ビクトリアの副総督の公邸で2泊した。旅に出てはじめての陸上での宿泊だった。4月13日、太平洋岸のバンクーバーから、列車で大西洋岸のモントリオールまで、カナダ横断の旅が始まる。

それまでもホノルル、サンフランシスコ、ビクトリアと、港や空港に降り立ち、また出発する度に、地元の名士や政府要人、儀典関係者の出迎えと、見送りを受け、練習してきたステートメントを英語で発表した。祝宴やレセプションでも主賓となった。随員たちのサポートを受けながら、皇太子はこれらをこなしていく。

皇太子に同行した宮内庁式部副長の吉川重国氏は、半年間の外遊を1日も欠かさず記録した前出の『戴冠紀行』に、サンフランシスコ港に到着した船の上甲板で、日米の官民の代表を前にステートメントを読み上げる皇太子の様子を記している。

「きょうの殿下の御態度は、じつにおりっぱだった。ステートメントを読まれながら時々左右を見られるところなどまったく感心した。私のそばで、井口大使（引用者注：井口貞夫《さだお》・駐カナダ大使）に随行してきた加川書記官が、『おりっぱですなあ、すばらしい』と感激している」

カナダ横断列車は、ところどころで駅に停車したが、各駅で地元の市長ら名士の出迎えや、日系移民の歓迎を受けた。

列車の旅出発翌日の４月14日午前４時半、カムループス駅（ブリティッシュ・コロンビア州）に到着した。同行していた侍従長と井口大使は、日系移民ら邦人の出迎えがあると聞いており、早朝のため皇太子に代わって対応することにしていた。しかし皇太子は起きてきて、零下の寒さのなかホームに降り立った。

「邦人のみならず外人をも感激させられた。お若いのに御自身の使命というか、この御旅行が日本にプラスになることとならなんでもするというお気持ちがうかがわれ、まったく頭が下がる」（『戴冠紀行』）

２日後の４月16日午前５時45分、フォート・ウィリアム駅（オンタリオ州）。雪が地面を覆っていた。早朝にもかかわらず、日系移民２００人ぐらいが集まっていた。

「われわれとしてはできるだけお寝《やす》みを願うようにしたく思うが、御自身おつとめになるお気持がこんなに強いとは、実際今回お供をして初めてわかった」（同）

カナダ政府は大戦中の１９４２年３月、日系人を敵性外国人として13カ所の収容所に抑留した。日系人の多いブリティッシュ・コロンビア州では、日系人に対して48時間以内に州の沿岸１００マイルから東へ移動することが命じられ、土地、家屋、家財道具一切が没収された。フォート・ウィリアム駅に出迎えた約２００人も、そうして東に移動させられた70家族の人たちだった。

戦争中の抑留者は約２万１０００人に上った。戦後、カナダ政府は日系人に対しロッキー山脈以東の地域への移住か、帰国かのどちらかを選ぶよう命じた。抵抗する者は収容所に入れられた。収容所が閉鎖されるのは１９５７年で、皇太子がカナダを訪問したときは、まだ収容所があったのである。敵性外国人のドイツ系、イタリア系に対しては隔離政策はとられておらず、明らかに人種差別だった。

全カナダ日系人協会が政府の謝罪と損害賠償を請求する「リドレス運動」（redress movement）を始めるのは１９８４年。１９８８年、ようやくカナダ政府は戦争中と、戦後の政策は過ちだったと認め、賠償した。

皇太子のカナダ訪問は、まだ苦難がつづいていた日系人にとってこの上なく勇気づけられることだった。凍《い》てつくような寒さのなか、短い停車時間であっても、ひと目故国の皇太子の姿を見たいというのは当然の思いだったろう。歓呼の声で迎えた日系人たちのうれしさは察するに余りある。ある駅では君が代斉唱が４回も繰り返され、その間皇太子は身じろぎもせず直立していた。

９日間の列車でのカナダ横断の旅は、いろいろなことを皇太子に考えさせただろうが、日系移民のことも深く記憶に刻まれたことは想像に難くない。このことは56年後のカナダ再訪で、天皇自身の口から明らかにされる。

56年前の忘れ得ぬ記憶

２００９年7月、両陛下はカナダを国賓として訪問した。この訪問では「80、50、20」という数字がキーワードとなった。カナダの駐日公使館開設80年、両陛下ご成婚50年、そして天皇即位20年。公的、私的、さまざまな節目となる２００９年を、日加関係の新たな弾みにしようとの狙いが両国にはあった。

天皇もいつか皇后とカナダを訪問し、皇太子時代の思い出を分かち合いたいと考えていた。カナダはそれだけ強い印象を天皇のなかに残していた。

両陛下はまず東のオタワに飛び、そこからトロント、太平洋岸のビクトリアとバンクーバーへと、時差調整を楽にするために西に移動する日程が組まれた。皇太子時代、大陸を列車で西から東へと横断したときとは逆のコースである。

公式日程がスタートした7月6日夜、ジャン総督主催の歓迎晩餐会が催された。歓迎スピーチでジャン総督は

「多くのカナダの人々と同様、太平洋で隔てられた日本は遠い国であると同時に、隣国であ

ると私は感じています」

と切り出し、「前世紀に影を落とした紛争と不寛容を乗り越えることができた両国間の絆《きずな》の深さ」を強調した。

「不寛容」は大戦中、日系人を強制収容所に隔離し、財産を没収したことを指した。翌日、地元メディアは「日系人の過去の苦しい体験に向き合うジャン総督の真摯な姿勢を示した」と解説した。

答辞で、天皇は両国の関係史をたどり、

「このようにして発展してきた両国の関係が、第二次世界大戦により損なわれたことは悲しむべきことでした。この戦いによって苦難を経験した多くの人々があったことに心が痛みます」

と述べた。大戦で両国が交戦国となったことだけでなく、日系人が経験した苦難を指していた。そして天皇は1953年、カナダを訪れたときのことに触れた。

「11日間にわたる貴国訪問は19歳の私にとって心に残るものであり…貴国の各地で、そして厳しい寒さのなか、列車が停車する駅で、日系の人々が心を込めて迎えてくれたことは忘れ得ぬことであります」

両陛下はこの訪問で、日系人と精力的に交流をもった。現在、カナダには約10万人の日系人がいるが、日本大使公邸での懇談、日系老人ホームや日系文化センターの訪問で、お年寄りの話に耳を傾け、これまでの苦労にねぎらいの言葉をかけた。

カナダの新聞も日系人のインタビューを数多く掲載し、いかに両陛下の訪問を待ち望んでいたかを報じた。ある新聞は「日系人の『お帰りなさい』という言葉で天皇は迎えられた」と書いた。

英国を覆う反日熱

56年前に戻ろう。明仁皇太子のカナダの列車の旅は、途中、ナイヤガラの滝を見物しながら4月21日、大西洋岸に近いモントリオール駅で終わる。皇太子は日本大使主催のカクテルパーティーに参加し、カナダ側接伴員を慰労するお別れの晩餐会を主催したあと、夜行列車で米国のニューヨークへ向かった。

翌4月22日早朝、ニューヨーク到着。市内のホテルで、待っていた英語教師のヴァイニング夫人と一緒に朝食をとった。クエーカー教徒のヴァイニング夫人は1946年から4年間、皇太子に英語を個人教授した。吉田茂首相が連合国軍最高司令官総司令部（GHQ）の最高司令官マッカーサーの側近を通じて皇太子のための米人家庭教師の斡旋を依頼したのがそもそもの始まりで、夫人は学習院や女子学習院でも英語を講義したが、皇太子への教えは英語のみならず、社会的マナー、道徳規範などにも及んだ。

そして午前10時30分、皇太子は「クィーン・エリザベス号」に乗船して、大西洋を英国へと向かった。同船には随員に加え、ロンドンから駆けつけた駐英日本大使館の朝海浩一郎《あさかいこういちろう》公使が乗り込んだ。

「公使から英国の一部人士の対日感情があまり芳しくないとの注意があった。…英国人中にはいまだ戦争中の日本人捕虜虐待を根にもち、とやかく宣伝するものと、もう一つは日本との経済上の対立により日本に悪感情をもつ者のグループとがあり、従来も大使館員で不愉快な思いをした者もあったとか。われわれも今までの歓迎が大きかっただけに、英国における一カ月あまりは別の苦労も覚悟せねばならぬ」(『戴冠紀行』)

経済上の対立とは、繊維問題をめぐる両国の貿易摩擦だった。しかし英国の「芳しくない対日感情」の主たる原因が捕虜虐待問題にあったことは明らかだった。

それまで潜在していた元捕虜たちの対日批判が、皇太子の訪英に触発され、表面化しはじめていた。反日の急先鋒《きゅうせんぽう》であるタブロイド紙のデイリー・エキスプレス紙は、英国各地の元捕虜たちや、労働党の一部地方議員による皇太子の訪英反対の動きを報じていた。

4月27日深夜、船は英サザンプトンに到着した。ロンドンから情報を携え、日本大使館の奈良靖彦《ならやすひこ》書記官が乗船してきた。

「奈良君が自室に訪ねて来て英国王室や政府の態度の冷淡さを嘆いて『日本に帰りたくなった』と利用価値のなくなった小国日本の地位を慨嘆するのである。自分も興奮した故か中々寝つかれなかった」（『朝海浩一郎日記』）

皇太子の訪英準備で英国側と折衝していた日本大使館員にとって、敗戦国の悲哀と悔しさを味わう場面が多々あったのだろう。英国政府が冷たく当たっていたことが窺える。

翌28日、前夜、船内に泊まった皇太子は下船し、臨時列車でロンドンに向かった。日本が独立してちょうど1年目だった。

終着のロンドン・ウォータールー駅の駅頭には、エリザベス女王名代の侍従、英外務省儀典課長らのほか、松本俊一《まつもとしゅんいち》大使ら日本大使館員とその家族、在留邦人が出迎えた。しかし在留邦人の歓迎は静かだった。皇太子を迎えにニューヨークまで行って、その歓迎ぶりを見ている朝海公使はこう記す。

「ニューヨークでは期せずして邦人の万歳が湧き上がるのであるが、英国の国柄と現在の日英関係が無意識に邦人にも反映したものか、ロンドンでは叫び声は揚がらなかった。ただ、たまりかねた在英の子供数名が用意の日章旗を無言乍《なが》らはげしく打ちふったのに対し殿下も自動車に乗る前に特にそちらに対して片手を揚げて御会釈された。ロンドンで日章旗の小旗が振られたのは戦後はじめてのことである」（同書）

皇太子の宿舎には日本大使館の2階の部屋があてられた。戴冠式は6月2日で、それまでの約1カ月間、主たる公式行事はチャーチル首相主催の歓迎午餐会（4月30日）と、エリザベス女王への謁見（5月5日）、それにいくつかのパーティーやレセプションだった。予定のないときは、皇太子は地方に足を延ばし、視察や日本に縁の深い人たちとの交流に当てた。

チャーチル首相が皇太子のロンドン到着から日をおかず歓迎の午餐会を催したのは、皇太子の訪英で噴き出した新聞や世論の対日批判を抑えることに狙いがあった。皇太子の訪問自体に及ぼす影響や、これが女王の戴冠式、対日関係に影を落とすことを憂慮したのだ。

英国で日本大使館員は皇太子のために日本に関連する英紙の記事を切り抜いて渡していた。そのうち皇太子は新聞そのものを読みたいと、自分で英紙に目を通すようになった。松本大使らも英国内の状況を説明していて、皇太子は英国の反日熱を把握していた。

皇太子が訪問を予定していたニューキャッスルでは歓迎反対の運動が盛り上がり、訪問が中止された。その近くにある造船所の視察も取り止めとなった。ケンブリッジ大学訪問でも慎重を期することが申し合わされた。ケンブリッジ近郊の人々の多くはシンガポールに派遣された英ケンブリッジ連隊を構成し、日本軍の捕虜となって強制労働や虐待などを経験していて、日本に対する感情がひときわ悪かった。

チャーチル主催の午餐会は最初、イーデン外相が催す予定だったが、外相の病気を理由に首相主催に格上げされた。朝海公使は「世論の一部が露骨な反日気分を見せたので、それを牽制《けんせい》する意味もあってチャーチルの招待に変わった」と日記に記す。英政府も皇太子を歓迎する姿勢を、より強く国内に示す必要があった。

チャーチル首相の突然のスピーチ

４月30日午後１時前、ダウニング街10番の首相官邸に到着した皇太子をチャーチル首相が出迎えた。出席者は27人。日本側は三谷《みたに》侍従長、松本大使、朝海公使。英国側はロイド国務大臣ら閣僚・政務次官のほか、野党・労働党の幹部、財界や労働界の指導者。サンデー・タイムズ紙主筆とデイリー・メール紙会長も加わっていた。

新聞界の幹部は英政府の強い働きかけで出席を承諾した。皇太子に向けられている反日的な空気や論調を変えることを主眼としたものであることがわかる。

席次は、ホストの首相を中心に、最上席の右手は当然ながら皇太子。首相の左手は松本大使。首相の向かいに侍従長。日本側３人を上席に就けた。

午餐会は和やかな雰囲気で進んだ。デザートが出たとき、事前の打ち合わせ通り、チャーチル首相が「天皇陛下のために乾杯」と杯を挙げ、皇太子が「女王陛下のために乾杯」と応じた。終わると、チャーチル首相が立ち上がり「殿下の御答えは必要ありません」と断り、

「殿下のためにひと言述べたい」と口を開いた。予告なしの行動だった。

首相は1分ほど発言せず、沈黙した。テーブルの注目を一身に集めると、やおら切り出した。朝海公使はその場で首相の発言をメモし、皇太子に逐次通訳した。同公使は日記に内容を列挙している（一部言葉を補い、現在の言い回しにした）。

1、殿下は非常に幸福な青年で、明るい前途が待っている。

2、我々英国人は意見が違うとはげしく争うが、国の利益となれば一致する。そして殿下を歓迎する。

3、殿下の英国滞在が楽しく、かつ教育的であるべきことを切望する。英国人の暮らしぶり（way of life）を学んで欲しい。

4、英国と日本は君主を有している点で共通している。

5、このテーブルに飾られた一対の青銅の馬の置物は自分の母が1894年、日本から持ち帰ったもので自分も気に入っている。各国がこのような美術品を制作し、軍備に金を使わないですむようになりたいものだ…。

首相のスピーチは10分ほどつづいた。最初の皇太子への励ましでは、実際にはこう述べている。

「皇太子はまだ若くて幸運であります。過去を振り返らざるを得ない者は、成功だけでなく、失敗や不運の記憶もあります。皇太子のような若者は未来の興味や功績を夢見ることができるのであります」

皇太子の前途を祝い、英国は一致してその来訪を歓迎していることを伝え、皇太子の英国滞在が有意義なものとなるよう期待すると語った。その合間に、意見が違えば激しく論争する英国の民主主義を語り、日本の美術の素晴らしさを語る。首相の独壇場だった。

チャーチル首相はこの年の10月、その著書『第二次大戦回顧録』でノーベル文学賞を受賞する。私は新聞社の外信部長だったとき、新しく外信部に異動してくる若い人たちに、国際政治を学ぶ上での参考書の１つに、この書を挙げていた。

大戦を指導したチャーチル首相の考え方、情勢の観察力、指導力を、この本を通じていかんなく学べ、なぜ大戦終結から程なくして冷戦が始まったかを理解することができる。国際政治の良き入門書である。この本にも描かれているが、同首相は戦争の緒戦、劣勢にあったときも、名演説で兵士を鼓舞し、銃後の人々を励ましつづけた。それを彷彿《ほうふつ》させるスピーチだった。

朝海公使はこう感想を吐露している。

「わずかこれだけのスピーチで皇太子に敵意を示した新聞が政府のその意を示して居らぬことを明らかにし、青年に対する一応の訓示をも垂れ、列席の日本側から今までの英国の空気に多少不愉快を感じて居たのを、一挙に一掃したあたりのその手際はこの人でなければやれぬことである。

(中略) この演説は簡単に朝海から殿下にも念のため通訳したが、別室で次官補のスコットは朝海に対して、あの演説を殿下がお判りになったかどうかは実は要点ではなく、あの席にはあの演説を聞かせたい人が二、三人居たのだと話した」(同日記)

退出する皇太子をチャーチル首相は車まで見送った。2階の階段を下りながら、皇太子に「英国の人々は殿下の滞英がハッピーであることを希望しており、それと異なるようなことがお耳に入っても気にしないでください (take no notice of it)」と付け加えた。

日本の新聞における国際感覚の欠如

この午餐会は対日世論の節目となった。英紙の皇太子に対する論調は目に見えて融和的になり、「戴冠式に出席する日本の皇太子」が英紙報道の中心となっていく。

エリザベス女王の戴冠式が社会、文化的な意味で最大のイベントとすると、チャーチル首相主催の午餐会は、日英両国にとって最大の政治的イベントだった。しかし日本の新聞はほとんど午餐会に関心を向けていない。

朝日新聞、毎日新聞とも、5月1日付朝刊の社会面に外国の通信社電1段で、「チャーチル首相の昼食会に」と短く載せただけ。自社の記者名が出る特派員電ではなく、外国の通信社電で処理したところに、ニュースへの感度が表れていた。

このことは皇太子の外遊についての全般的な報道姿勢とも関係している。皇太子の人柄を伝えることに報道のほとんどが割かれる一方、日本や皇太子を取り巻く国際環境や背景へのまなざしが欠落している。

その人柄を伝える記事も、皇太子がいかに人々に親しまれたか、温かい歓迎を受けたか、また両国の友好に寄与したかといったプラス面だけが取り上げられ、負の側面への目配りはない。たとえば皇太子がロンドンに到着したときの記事。

「皇太子さまの堂々たる態度は英国新聞記者に好感を与え、英国の歓迎気分を高めるのに非常な効果があったようだ。今までかなり悪意のある記事を掲げていたデイリー・エキスプレス紙も社説を掲げ『日本の皇太子を歓迎せよ』と述べている」（毎日新聞4月29日付朝刊）

英国内における反日的な動きはほとんど取り上げていない。ニューキャッスル市の訪問取り止めも、朝日新聞（4月29日付朝刊）は外国通信社電1段使いで、理由も「同市の市長夫人の皇太子茶会招待を市会で可決したことに、同市の元日本軍による捕虜団体が抗議していたためである」とのみ伝えた。

滞英1カ月の皇太子の動静を伝えた毎日新聞の記事（6月1日付朝刊）では、「日本国民の対英感情と英国での対日感情とは非常な感覚のズレがある」と指摘したが、どのようなズレか、なぜズレがあるのかは語られない。

ここを掘り下げたなら英国の元戦争捕虜問題をとり上げなければならないから、そこに触れないようにしているとしか思えない。元捕虜たちが戦争中、どのような体験をしたのか、その本音はどのようなものなのかを日本に伝えるルポや、元捕虜のインタビューも、調べた限り見当たらない。随行記者は皇太子に張りついていなければならないが、主要紙は特派員も動員しており、取材の余力はあったはずだ。

チャーチル首相主催の午餐会でいうと、日本の記者の無関心ぶりは、日本大使館が適切なブリーフィングをしていないことにも一因があるのではないか。もし首相が皇太子を励まし、その前途を祝福したことが記者たちに伝えられていたら、格好の記事になったはずである。戦後、天皇と皇室のありようが大きく変わって8年。日本大使館、宮内庁の随員はまだどこまで記者に話していいものか、明確な基準がなかったのではないか。英国の反日気運が日本で報じられたら、折角の皇太子の訪英に水を差す。皇太子の人柄のプラス面をブリーフィングしておけば問題はない。こうしてチャーチル首相主催の午餐会の政治的意味が、記者には伝えられなかったと思われる。

先に、皇太子のこの外遊によって皇族が外国訪問をするときの法的根拠や、態勢や準備のあり方などの基本的枠組みが決まったと指摘したが、これは皇室外交に対する日本の報道のあり方にも当てはまる。その後の天皇の外国訪問でもこの人柄中心の報道スタイルが踏襲されていくからだ。

国際感覚の欠如でもある。ここには日本と訪問国の関係性や、訪問の政治的意味や狙いといった視点が決定的に欠けている。記者からすると、皇室が政治とは無関係である以上、天皇や皇太子の外遊を政治的脈絡から切り離して報じるのはさほど不自然なことではなかったのかもしれない。

しかしこれによって、伝えられるべきものが日本に伝えられず、歴史問題をめぐる日本と欧州（とくに英国とオランダ）の認識ギャップを広げていくことになるのである。

皇太子は5月5日、エリザベス女王、エジンバラ公夫妻に謁見し、昭和天皇の伝言を伝えた。謁見は立ったまま10分ほどだったが、通訳が1回入っただけで、皇太子は英語で通した。

興味深いのは皇太子の観察力だ。吉川氏は旅のなかでの皇太子の観察力の鋭さについて折々に触れている。女王への謁見を終えて宿舎に戻った際のことも、

「殿下がかく細かく観察されて覚えておられるのには驚く」(『戴冠紀行』)

と記している。女王夫妻の服装のディテール、部屋の絨毯《じゅうたん》、帰るときの状況と、子細に吉川氏に報告し、同行した人間よりも覚えていたという。この観察力は、その後の皇太子時代、さらに天皇になってからも、皇室外交のいろいろな場面で発揮されただろう。

6月2日、戴冠式が行われた。戴冠式の会場となったウェストミンスター寺院では、皇太子の席次は70余カ国中13番目。日本の各紙は同行記者のほか、特派員を動員して、この模様をここぞとばかり詳報した。毎日新聞は「英女王戴冠式・厳かに行われる」「燦然《さんぜん》と輝く『王冠』」との見出しで、3日付朝刊一面を全面割き、中面も多くをこのニュースで埋めた。この日の夕刊社会面には、特派した作家、獅子文六《ししぶんろく》氏の「戴冠式を見て」が載った。同じ日、朝日新聞にも徳川夢声《とくがわむせい》の観察記が掲載された。

同6日、皇太子はダービーに招待され、観戦した。途中、ロイヤル・スタンドにいるエリザベス女王から招きがあり、一緒に観戦する栄に浴した。英世論を念頭においた女王の配慮と思われた。こうして同9日、皇太子は英国での全日程を終え、フランスに向かった。前日の8日、松本大使、朝海公使、随員たちが反省会を開いている。

松本、朝海両氏は「皇太子の訪英は大成功だったが、日本の新聞がこれを過大に評価して、これを機会に日英関係が急速に促進されると考えるのはとんでもないことで、皇太子の訪英が親善関係の扉を開いたとは言えるが、前途は遼遠《りょうえん》である」と語ったという。

皇太子はこのあと欧州各国を回り、さらに米国を訪問して10月12日、日本に戻った。

反対デモに見舞われた昭和天皇の訪欧

それから18年後の１９７１年９月、昭和天皇は英国を国賓として訪問した。ベルギー、西ドイツの公式訪問の一環で、このほか非公式ながら米国、デンマーク、フランス、オランダ、スイスに立ち寄った。日本の歴史で天皇が外国に出るのは初めてで、裕仁皇太子時代の訪欧（１９２１年）から半世紀が経っていた。

日本は１９６８年に世界第２位の経済大国になり、各国から賓客が頻繁に来日するようになった。国際親善活動が活発化するなかで、昭和天皇に50余年ぶりの外国訪問を、皇后には初めての外遊をしてもらいたいとの空気が周辺で高まった。

訪問の理由づけとして、ベルギー、西ドイツは、両国の元首来日に対する答礼訪問。英国は１９７５年にエリザベス女王が来日するのを前提とした訪問、とされた。実際、昭和天皇の訪欧が発表になった直後、英政府からエリザベス女王夫妻の来日が発表された。

日本の新聞はこの外遊を「昭和天皇が青年時代に大きな影響を受けた欧州各国を再訪する〝センチメンタルジャーニー〟（感傷旅行）」と位置づけた。欧州各国にわだかまる戦争体験者の反日感情に対する目配りはなかった。

昭和天皇が立ち寄るオランダについて、朝日新聞は、訪問に反対する投書を紹介しつつこう書く。

「一部の人たちをのぞけば、社会科の教科書でこの国が日本への西欧文明の輸出国になったことを教えられているオランダ人はどの国に増して親日的だ」(8月4日付朝刊)

しかし昭和天皇が欧州各国を回った9月27日から10月14日までの18日間、各地で反対デモと抗議行動に見舞われた。

訪問国との関係性や、訪問の政治的意味を捨象して、プラス面だけを強調する人柄中心報道は、英バッキンガム宮殿でのエリザベス女王主催の歓迎晩餐会でも冷や水を浴びせられた。

女王は歓迎スピーチで、まず昭和天皇の来訪に祝意を示し、両国の歴史をたどってこう述べた。

「過去に日英両国の関係がつねに平和ということであったわけではありません。その経験ゆえに2度と同じことが起こってはならない、と私どもに決心させます」

その上で、両国のさらなる発展を祈って杯を挙げた。

それに対する昭和天皇の答礼の辞は、皇太子時代の思い出などに終始した。

「貴国民の心の温かさを身にしみて感じております。それは50年前、私に示された豊かな温情とまったく変わりがありません。当時、私はジョージ5世からいただいた慈父のようなお言葉を胸中深くおさめた次第です」

最後にこう結んだ。

「今後、さらに両国が協力して世界平和の維持と人類福祉の増進のために努力したいと願っております」

双方のスピーチは食い違っており、戦争にいささかも触れなかった昭和天皇に、英国では「日本は反省が足りないのではないか」と批判が起きた。

この昭和天皇の訪欧を契機として、皇室外交においても歴史問題や、それに関連する「おことば」問題を避けては通れないとの認識が、日本政府だけでなく、日本のメディアにもジワリと迫ることになる。いかに日本が「皇室は政治とは無関係です」と言おうと、天皇の外国訪問それ自体に政治的意味が生じることが明らかになったのである。

元捕虜たちのカタルシス

ところで日英の歴史問題である元戦争捕虜問題とは何なのか、ここで振り返っておこう。

第二次大戦緒戦の１９４２年２月、東南アジアにおける英国最大の軍事拠点シンガポールは日本軍の前に陥落。約８万人の英、豪、ニュージーランド、英領インドなどの将兵が捕虜となった。このうち英軍将兵は約5万人と、連合軍捕虜で最多を占めた。

彼らは映画「戦場にかける橋」で知られるタイとビルマを結ぶ泰緬《たいめん》鉄道建設などの強制労働に駆り出され、過酷な労働と虐待などで約1万2000人が、またボルネオ島サンダカンなどの捕虜収容所でも多数の捕虜が亡くなった。ビルマ戦線で捕虜となった英軍将兵もいた。

日本軍の捕虜になった英軍将兵の死亡率が25%なのに対して、ドイツ軍の捕虜になった英軍将兵のそれは5%と言われている。

1951年9月、日本は米・英・豪・加・蘭などの連合国とサンフランシスコ平和条約を締結した。同条約に基づき、日本は英国と個別交渉を行い、賠償を確定した。

この賠償をもとに英政府は1952年、元捕虜と元民間抑留者に、それぞれ1人当たり76・5ポンド、48・5ポンドを分配した。しかしこれではあまりに不十分と、元捕虜たちの間で不満が鬱積《うっせき》することになった。

1994年、元英国人捕虜たちで作る「日本軍強制労働収容所生存者協会」は、米、豪、蘭などの元捕虜や元民間抑留者の6人と提携し、1人当たり1万3000ポンドの補償金を求めて東京地裁に提訴した。しかし「国際法は個人の損害賠償請求権を規定していない」との理由で、最終的に2004年3月に最高裁で原告敗訴が決まった。

この間、日英両政府は「補償問題はサンフランシスコ平和条約で解決ずみ」との立場で一致していた。ただ補償問題は解決ずみとしても、謝罪と和解の問題は日本にとって避けて通れないものだった。

90年代になると、元捕虜たちの声がメディアで頻繁に取り上げられるようになった。戦勝50年の1995年がクローズアップされ始めたことや、元捕虜たちも高齢になってきたことから、その声に耳を傾けようという雰囲気が生まれていた。

しかし90年代と、70年代以前とでは、日英関係も大きく変わっていた。1970年、英国の在留邦人は約2800人で、和食レストランは2軒。これが1994年には、それぞれ約5万人、150軒以上になっていた。

70年代末からのサッチャー改革で日本の投資が急増し、日本企業が進出。元捕虜問題がクローズアップされる一方で、日本の存在感が高まり、日英関係は格段によくなった。

1994年から4年間、駐英公使として元捕虜問題に取り組んだ沼田貞昭氏（元駐カナダ大使）は、ロンドンに着任すると元捕虜との対話を開始した。相手は、東京地裁に提訴した原告団長である「日本軍強制労働収容所生存者協会」会長のアーサー・ティザリントン氏。2カ月に1回、大使館の応接室で意見交換した。

昭和天皇が国賓として訪英してから23年が経っており、いずれ今上天皇が国賓として来訪するときに備え、環境を整えておこうとの考えも沼田氏にはあった。この対話はすぐに何かに役立つものではなかったが、対話のパイプを作り、互いの信頼醸成に役立った。

1995年に入ると、連日のように元捕虜のことが英メディアで取り上げられるようになった。こうした空気を踏まえ、藤井宏昭《ふじいひろあき》駐英大使は「8月15日には、総理からのきちんとした態度の表明が必要である」と、本省に意見具申していた。アジア各国の日本大使からも同様の意見が出されていた。

村山談話が出ることが決まると、沼田氏は懇意にしているBBCなどのテレビ、ラジオ局の幹部を通じて出演アレンジを頼んだ。8月15日、藤井大使は朝7時のBBCラジオを皮切りに、3局のテレビ、ラジオに出て、村山談話の内容を説明し、これは明確な謝罪であることを強調した。沼田氏自身も別のチャンネル3、4局に出演した。

この日、ロンドンでは対日戦勝「VJデー」の50周年記念式典が催され、エリザベス女王が見守るなか、ビルマ戦線の旧軍人もバッキンガム宮殿前を行進した。英政府はこれをさせることで、彼らの恨み、辛《つら》みを吐き出させたのである。

8月15日を境に、年初から英メディアを賑《にぎ》わしていた元捕虜問題は、潮が引くように鎮静化した。日本大使館では「カタルシスが終わった」と分析した。

欧州戦線は1945年5月に終戦となり、将兵たちは英雄として歓呼の声で本国に迎えられた。しかし日本の降伏が8月になったアジア戦線では、英軍将兵が本国に帰還できたのは大分経ってからで、さほど歓迎もされず、「忘れられた軍隊（Forgotten Army）」と揶揄《やゆ》された。

ビルマ戦線で苦しい戦いを強いられ、捕虜収容所で苦難を味わったのに、何ら報いられていないとの鬱屈した感情は元捕虜たちのなかにくすぶっていた。これが戦勝50年を機に噴き出し、これをメディアが取り上げ、元捕虜たちもうっぷんをぶちまけた。8月15日でこのカタルシスは終止符を打った。こう日本大使館は見たのだ。

和解ボランティアの地道な活動

和解について、日本大使館は民間ボランティアのイニシアチブを側面支援するアプローチをとった。90年代になって、和解に取り組むボランティアが広がったのは、日本にとって幸いだった。

1つは、ビルマ戦線で戦った日本と英国のそれぞれの元将兵で作る団体同士の交流だ。これに大きな役割を果たしたのが故平久保正男氏（2008年に88歳で死去）。元陸軍主計中尉で、インパール作戦に携わり、多くの部下を亡くした。日本企業を退職した1983年から、ロンドンに住みつづけながら両国の元将兵の和解に奔走した。

平久保氏に共感した元英軍将兵らは1990年、「ビルマ作戦同志会（Burma Campaign

Fellowship Group)」を結成し、日本の「全ビルマ作戦戦友団体連絡会議」と交流を始めた。１９９７年2月には、日英双方の有志36人がビルマで合同慰霊祭を催した。その後も継続して合同慰霊祭を催している。

捕虜を多く出したサフォークという英東部の町では、高校の日本語教師メアリー・グレース・ブラウニングさんが中心になって、１９９５年から「平和の試み（Pacific Venture)」というプロジェクトに取り組んでいる。元捕虜や元民間抑留者の孫を日本に連れていく活動で、２００９年までに約３８０人が日本を訪れた。

「アガペ（Agape)」というプロジェクトを進めるのは恵子・ホームズさん。彼女の生まれ育った三重県紀和町《きわちょう》には捕虜収容所があり、戦時中に亡くなった英軍将兵16人のお墓を、戦後も地元の老人クラブが清掃して守ってきた。

英国人と結婚した恵子・ホームズさんはこのことを知ると、１９８９年、元捕虜の集まりに乗り込んで、故郷の話を紹介。元捕虜たちを故郷に連れていく活動を始めた。これまでに訪日した英国人は４５０人に上る。

山梨学院大学教授の小菅信子氏は、仕事の関係でご主人とケンブリッジで暮らしているとき、この地域が捕虜を多く出し、反日感情の強いところだと知った。１９９６年11月、第一次大戦の追悼式典に着物姿で乗り込み、花束を捧げて黙とうした。１９９７年8月には、同氏が中心になって進めるケンブリッジ地区の元捕虜との交流の集い「ポピーと桜クラブ」に、藤井宏昭大使夫妻が出席した。同年11月には、ケンブリッジ大学国際研究センター主催で、日英両国の研究者が参加して日英捕虜会議が開かれた。

日本大使館はこうした活動を資金面で支援し、またウエストミンスター寺院やコベントリー大聖堂で行われる和解式典の招待に応じ、公使や大使が足を運んできた。

英女王の戴冠式や数多くの国家行事の舞台となり、無名戦士の墓もある英国教会のウエストミンスター大寺院では、１９９７年８月15日の終戦記念日に、先述の「ビルマ作戦同志会」による日英合同追悼式が行われた。同志会のメンバー、日本大使館からは沼田公使が参列するなか、小菅氏が「無名戦士の墓」に千羽鶴を供えた。

イングランド中部、ウエストミッドランズ州の工業都市コベントリーにある大聖堂は、第二次大戦中の１９４０年11月にドイツ軍の大空襲で廃墟となった。しかし同年のクリスマスにリチャード・ハワード首席司祭が廃墟からのラジオ放送で、戦争終結後は復讐ではなく、赦しと和解に努力していくと宣言。戦後、大聖堂は和解を象徴する拠点となる。１９６２年、廃墟の大聖堂の脇に新大聖堂が再建され、旧大聖堂の跡地に「和解の像」が置かれた。

１９９７年10月には「和解の像」の前で、「ビルマ作戦同志会」のメンバーとともに、英、米、日の和解の式典が催され、沼田公使が参加。これを契機に、同年11月９日の「記憶の日曜日」には、着任したばかりの林貞行大使が大聖堂での式典に英国人元捕虜とともに参列し、日本の大使として初めて献花を行った。これ以後、大聖堂で日本大使が出席して和解式典が行われるのが慣例となった。

1つひとつは地道な活動だが、沼田氏はこう狙いを語る。

「ポジティブな話が広がっていくことで、ネガティブな話を中和していけます。とくにウエストミンスター寺院など象徴的な場所の和解式典に、日本の大使や公使が参列することは大切です。ポジティブな話はたくさんあります」

「元捕虜問題は全体から見れば、いまやそんなに大きな問題ではありません。英社会には『日英関係の全体を見ないと損しますよ』というメッセージを投げてきたつもりです」

元捕虜問題で英政府は日本に協力的だった。

「英政府からすれば、うまくいっている両国関係を、歴史問題で壊したくないという思いがありました。英外務省が大変協力的で、連絡をとりつつ世論対策をしました。当時、中心的にやってくれたのがグレアム・フライ極東部長（のちの駐日大使）とライト副次官でした」

英大衆紙への橋本首相の投稿

今上天皇が皇太子時代に訪英したとき、チャーチル首相と英王室は、反日世論の鎮静化に心を砕いた。両国関係が良好な90年代、英政府はさらに協力的だった。

１９９７年５月、ブレア労働党政権が誕生したとき、日本大使館が懸念したのは、元捕虜問題の取り組みで、英政府のスタンスが変わるのではないかということだった。しかしこれは杞憂《きゆう》に終わった。

１９９８年１月、ブレア首相が来日したとき、首相報道官のアレステア・キャンベル氏は日本政府に、大衆紙サンに橋本龍太郎首相が投稿してはどうかと勧めた。日本政府から沼田氏にどうしたものか相談があった。

英国のメディア対策で、一番難しいのが大衆紙タブロイドとの関係だ。センセーショナルで、１９９５年に元捕虜問題を率先して取り上げたのもタブロイドだった。明仁皇太子のときもタブロイドのデイリー・エキスプレス紙が元捕虜の話を取り上げて、反日気運を煽《あお》った。ただタブロイドは人々に直接訴える上で最も効果的な手段でもある。沼田氏は「ぜひやってほしい」と伝えた。

１月14日のサンの一面を、白抜きの大見出しが躍った。

「日本はサンに申し訳ないと詫びた（Japan Says Sorry To The Sun）」

いかにもタブロイド的なセンセーショナルな見出しだ。

中面で橋本首相は、①村山談話と同じ「反省とお詫びの意」を表明する、②日英の旧軍人による東南アジアでの合同慰霊祭を行う、③元捕虜と元民間抑留者の孫の訪日を、これまでの年間40〜50人から、80〜１００人に倍増する——との内容を明らかにした。中面の見出しは「英国と日本は手を携えて前に進まなければならない」。

サンは、「これは心のこもった（heartfelt apology）謝罪だ」と指摘した。

英首相報道官の勧めは、４カ月後に迫った今上天皇、美智子妃の国賓としての英国訪問を見据えたものであった。おそらくサンに根回しをした上で、日本側に持ってきたのだろう。両陛下の訪英成功のため、歴史問題のトゲをなるべく無力化させようとの狙いだ。高級紙ではなくタブロイドというところがミソだった。

チャーチル首相が午餐会を催したのもそうだが、新聞を慰撫《いぶ》することに習熟している英政府ならではのイニシアチブだ。それだけ、政府とメディアが緊張関係にあるということでもある。

沿道の抗議に深く頭を下げた美智子妃

両陛下は１９９８年、５月26日から30日まで、英国を国賓として訪問した。国賓としての訪問は昭和天皇以来27年ぶりで、２人揃っての訪英はこれが5回目だった。

この日の大衆紙サンに、「なぜ天皇陛下を歓迎しなければならないか」とのタイトルで、ブレア首相の寄稿が載った。このなかで同首相は「過去や元捕虜の苦難を忘れてはならないが、感情が日本との関係を支配するのは間違っており、悲劇を幾世代も引きずるのも間違いだ」と述べた。

元捕虜や退役軍人の組織は対応が分かれた。英国最大の「英国退役軍人会」（会員約70万人）は、組織として両陛下訪英に反対しないことを決めた。「極東捕虜協会」も、両陛下の訪英に反対せず、日本に補償を要求しないことなどを決めた。

「日本軍強制労働収容所生存者協会」は抗議行動を計画していたが、沼田公使と対話をつづけてきたティザリントン会長は「いまは日本人を責めていない。天皇の謝罪も求めない。謝罪と賠償は日本政府に求める」と述べている。元捕虜や退役軍人の団体が統一した抗議行動をとれなくなっていることに、元将兵らの心境の変化が映し出されていた。

前日、政府専用機でロンドンに着いた両陛下は26日午前、ホースガーズ・パレード（広場）での歓迎式典に臨んだ。英国側はエリザベス女王、フィリップ殿下、チャールズ皇太子ら王族と、ブレア首相と閣僚が出席。21発の礼砲と、両国国歌が奏でられ、天皇がフィリップ殿下と儀仗《ぎじょう》兵を巡閲した。

このあと天皇は女王の、皇后はフィリップ殿下の馬車に乗り、百数十騎の近衛騎兵隊に守られてバッキンガム宮殿までの約1キロをパレードした。

小雨混じりのなかを、約2万5000人の市民が沿道から歓迎した。途中、約500人の元捕虜が馬車列に背を向けて、抗議の意思を表明した。日の丸を焼いた人もいた。

午後、両陛下は国賓訪問の際の重要なイベントである無名戦士の墓の献花に、ウエストミンスター寺院を訪れた。同寺院からの帰途、大声で叫んで抗議する人々の前を車で通りかかると、美智子皇后は車中からその一群に向かって「あなた方の気持ちはよくわかっていますよ」という風に深々と頭を下げた。このときの思いを皇后は歌に詠んでいる。

語らざる悲しみもてる人あらむ母国《ぼこく》は青き梅実る頃

敵国の捕虜となるのは辛いが、かつて「虜囚」と呼ばれた日本人たちの中にも、いまだに心に悲しみを宿す人はあるだろう。英国に来て、日本の捕虜となった方々の辛い思いを汲みながらそう思った。折しも日本はいま青梅の実るころ…。「青梅」には、戦争体験をした人々があたら若い日々を費やしたというイメージも重なっているかもしれない。

その夜、女王主催の晩餐会が、約170人が出席して開かれた。軍人会や元捕虜の団体の幹部も何人か招かれた。

冒頭、エリザベス女王は歓迎スピーチに立った。両国関係の歴史から説き起こし、19世紀

から20世紀の初頭にかけ、確固たる基礎が築かれたと指摘。その上で

「悲しいことに、その後、両国は相争う時期に入りました。痛ましい記憶は今日も私たちの胸を刺しますが、同時に和解への力にもなっています」

と語り、両陛下と日本国民の幸せを祈って杯を挙げた。君が代の演奏のあと、天皇が答礼の辞に立った。

１６００年、日本に漂着したオランダ船「デ・リーフデ号」の水先案内人ウィリアム・アダムスが英国人で、徳川家康《いえやす》に仕えたこと。開国後、招聘《しょうへい》された外国人技術者や教師の半数が英国人だったことなどを語ったあと、先の大戦に触れてこう語った。

「こうして育まれた両国の関係が、第二次世界大戦によって損なわれたことは誠に悲しむべきことでありました。この戦いにより、様々な形で苦難を経験した大勢の人々のあったことは、私どもにとっても忘れられない記憶となって、今日に至っております」

「戦争により人々の受けた傷を思う時、深い心の痛みを覚えますが、…こうしたことを心にとどめ、滞在の日々を過ごしたいと思っています」

天皇はぎりぎりの表現で、お詫びに近い気持ちを表した。

天皇は45年前の訪英にも触れた。

「我が国に対する貴国の国民感情の厳しいときでありましたが…有意義な滞在をすることが

できました。その陰には日英の友好の絆を強めたいと願う人々の努力があったことを忘れることはできません」

「45年を経たこの度の訪問で、その時、私の心に温かい思い出を残してくれた人々の多くと、最早再びお会いすることのできないことを誠に残念に思います」

反日世論の厳しい視線のなかで、当時、皇太子だった天皇が公私にわたって世話を焼いてくれた英国の人々にいかに心癒されていたかがわかる。

両陛下によって生み出された英世論のバランス

この訪問の公式スポークスマンには、元駐英大使の千葉一夫氏が指名されていた。英語が堪能で、メディアの対応に長《た》けているところが見込まれた。

千葉氏と、駐英日本公使は、1日に数十回のブリーフィングとインタビューをこなした。英メディアに発した メッセージは次の4つだった。

1、両陛下の訪英は、日英両国の未曾有《みぞう》の良好な関係を確認するもの
1、日英政府は、元捕虜の補償問題は平和条約で解決ずみの立場で一致している
1、謝罪はすでに村山談話で表明している

1、和解への真剣な努力はこれからも続ける

両陛下は訪問中、ブレア首相の昼食会や、ロンドン市長の晩餐会に出席、英王立植物園では訪日経験のある若者と懇談するなど精力的に動いた。28日夜は、ビクトリア・アンド・アルバート博物館で、エリザベス女王ら王族、ブレア首相ら政財界の面々を招いて答礼晩餐会を開いた。

大衆紙は元捕虜の抗議行動や、日の丸を燃やす写真を大きく掲載するなど、センセーショナルな紙面作りをしていた。しかし晩餐会以後、動きを事実として伝える記事が目立つようになった。抗議の人の姿も次第に見なくなった。

主要紙タイムズの投書欄には「国旗を燃やすことで抗議行動は品位を失った」「過去の少数の日本人の行動で、日本を裁くべきでない」といった投書も掲載された。明らかに英世論にはバランス感覚が働いていた。

沼田氏はこの年の初めに帰国して、天皇の訪問のときは外務報道官として東京から観察していた。

「元捕虜の問題はある意味、心の問題で、反日的な言動がなくなるわけではありません。しかし両陛下の訪英を機に、管理できる状態になったと思います。ふつうの状態になったとい

うことです」

英政府は一貫して元捕虜、元民間抑留者の補償については法的に解決ずみの立場をとっていた。しかし2000年11月、「特別慰労金」として、1人当たり1万ポンドを支給することを決定した。1998年以降、「英国退役軍人会」が中心となって、政府に何らかの措置をとるよう働きかけたのに応《こた》えたものだった。英政府も1つの区切りをつけたのである。

第6章　終わりなき「慰霊の旅」

サイパン、パラオ、フィリピン

ヘリコプターで念願の南の島へ

この日の朝、天皇、皇后は南太平洋パラオ共和国のコロール島の沖合に停泊する巡視船「あきつしま」（約7100トン）の船室で目を覚ました。午前7時、朝食を船内でとると、艦長の案内で船のブリッジに上った。

2015年4月9日。この日もいい天気だった。ただ朝とあってまだ日差しはさほど強くない。眺望のいいブリッジからは緑の島々と、紺碧《こんぺき》の海が遥《はる》か先まで見渡せた。両陛下が長年、希望していた南太平洋のペリリュー島での慰霊が戦後70年目にして実現する日だった。

両陛下は以前から、パラオ共和国、ミクロネシア連邦、マーシャル諸島共和国の3カ国を含む南太平洋のミクロネシア地方への訪問をしたいとの意向を示していて、十数年前に宮内庁は一度検討したことがある。しかし移動手段や警備面での問題などがネックとなり、諦《あきら》めざるを得なかった。両陛下は非常に残念がったという。

両陛下の意向をなんとか実現できないものかと検討をつづけた結果、候補に挙がったのがサイパンだった。こうして終戦60年の2005年に初めて外国への「慰霊の旅」が実現した。

その後、南太平洋の国々でも観光振興策によって空港の滑走路の延伸や、宿泊施設の整備が進み、とくにパラオに関しては大きな問題がなくなった。それでもパラオの本島からペリ

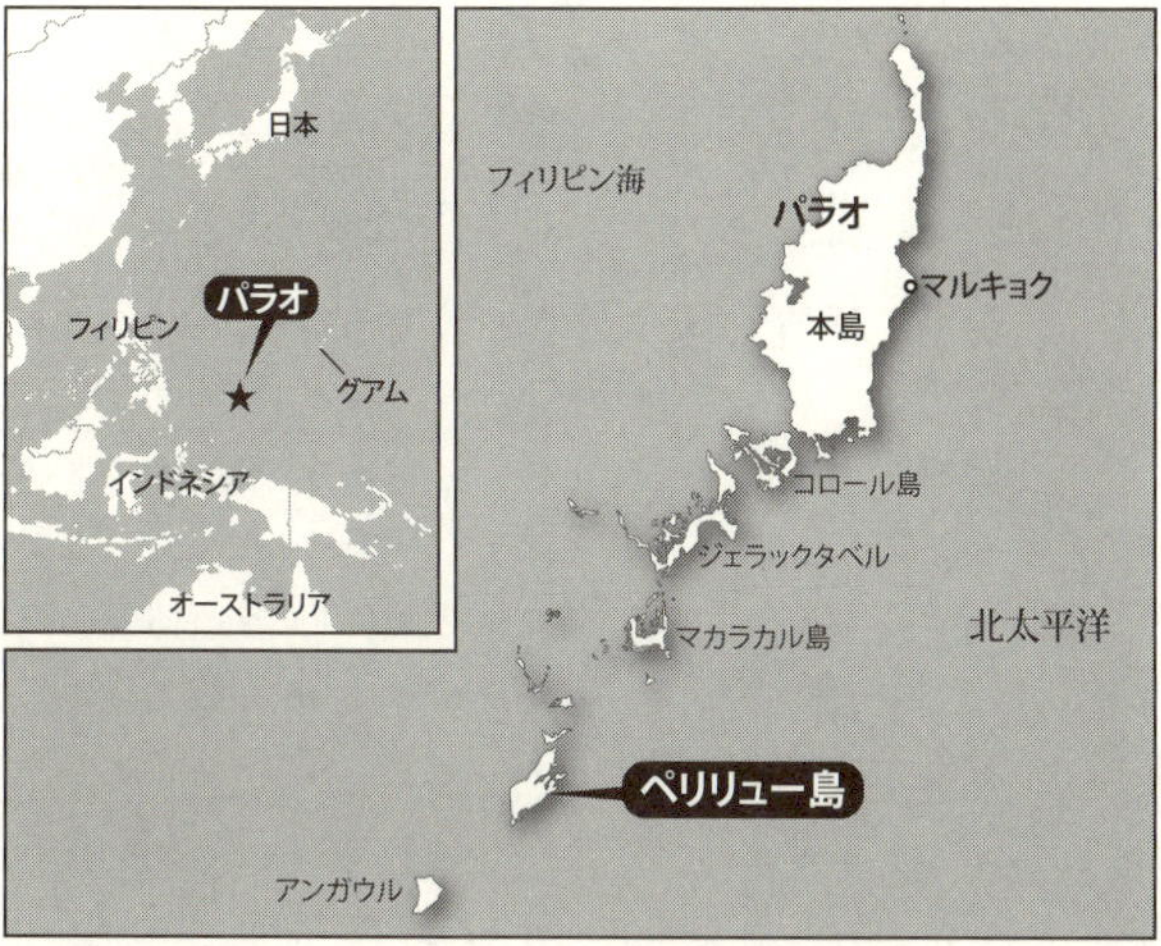

リュー島への移動方法、両陛下の安全をどう確保するかなど課題も残った。

宮内庁が関係各省と検討した結果、海上保安庁の協力を得て、両陛下の宿舎は巡視船「あきつしま」とし、ペリリュー島への移動には「あきつしま」に搭載しているヘリコプターを使うことでこれらの問題をクリアした。

ただヘリコプターは十数人しか乗れないため、少数の随員を除いて本隊はコロール島のホテルに宿泊し、早朝に船でペリリュー島を目指すことになった。

午前9時半、大型ヘリコプターが着艦している船の後甲板に乗組員が整列した。天皇、皇后は乗組員1人ひとりに、世話になった礼を述べた。乗組員が両舷《りょうげん》に並び、貴賓を見送るときの登舷礼の姿勢をとるなか、両陛下と随員を乗せたヘリコプターは、南のペリリュー島に向けて飛び立った。

パラオ共和国は南北につらなる大小の群島からなっており、首都マルキョクや大きな町は北部の本島とコロール島に固まっている。ペリリュー島は群島の南の端に位置し、コロール島から約50キロの距離にある。

海上を行くヘリコプターの眼下には、大小の島々と珊瑚礁《さんご》が見えた。このときの光景を美智子皇后は短歌に詠んでいる。


逝きし人の御霊《みたま》かと見つむパラオなる海上を飛ぶ白きアジサシ

第二次大戦末期の1944年9月、ペリリュー島に軍事基地を構築する日本軍に、米軍は上陸作戦を敢行。圧倒的な物量を誇る米軍の前に、日本軍は追い詰められ、塹壕《ざんごう》に潜み、ゲリラ戦や白兵戦で2カ月にわたり頑強に抵抗した。しかし最後は玉砕した。

この奮戦に昭和天皇は11回もの「ご嘉賞《かしよう》（おほめの言葉）」を発したが、凄惨《せいさん》な戦いによって日本軍約1万人、米軍約1700人が命を落とした。

午前10時前、両陛下を乗せたヘリコプターがペリリュー島の飛行場に着陸した。日本軍がジャングルを切り開いて造ったこの飛行場も、米軍との間で争奪戦となった場所である。船で先回りして島に来ていた首席随員の風岡典之《かざおかのりゆき》宮内庁長官、川島裕《かわしまゆたか》侍従長らの本隊が両陛下を出迎えた。先にも触れたように本隊はコロール島のホテルに1泊し、この日早朝、高速船を仕立てて、午前7時にペリリュー島に着いた。波もなく、順調な約1時間の航海だった。

上陸した本隊は、まず厚生労働省の派遣チームが2週間ほど前から行っている遺骨の収集調査現場を視察した。両陛下も収集調査の現場を見ることも希望したが、足場が悪く、不発弾などもあるため、事前に視察し、結果を両陛下に報告することになっていた。

両陛下が飛行場に降り立ったころには太陽も昇り、気温は30度を超え、湿度は90%近くになっていた。湿気を含んだ生ぬるい空気が肌にまとわりついた。天皇は白いシャツ、皇后も白いスーツ姿。熱中症の危険があるため、慰霊を行うのに失礼にならない程度に、全員こざっぱりとした服装を心がけた。

一行はマイクロバスを連ねてジャングルの一本道を進んだ。大戦が終わった直後、飛行場一帯を上空から撮った写真があるが、それにはむき出しの大地が広がっているさまが写っている。米軍は上陸前、激しい一斉艦砲射撃を浴びせ、飛行場を奪ったあとは、ここから戦闘機を飛び立たせ、ジャングルや塹壕に潜む日本兵に猛爆撃を加えた。ジャングルはすっかり破壊し尽くされた。70年経て、ようやく新しい木々が育ち、再びジャングルへ戻りつつある。

車中、天皇は木々を指差しながら、「これはココヤシ」「これはバナナ」と皇后に説明したと、川島前侍従長は手記に書いている。

ジャングルの一本道が突然開けると、広場と、その向こうに青い海が広がっていた。広場は海に向かって突き出るような形状になっていて、そこに日本政府建立の「西太平洋戦没者の碑」が立っていた。

島の最南端に位置する慰霊碑は、日本の方を向いている。１９８５年に建築家の故菊竹《きくたけ》清《きよ》訓《のり》氏の設計で建てられた。碑文には「さきの大戦において西太平洋の諸島及び海域で戦没した人々をしのび平和への思いをこめてこの碑を建立する」とある。

天皇自ら推敲を重ねた答辞

広場には日差しを避けるためのテントが張られ、人々が両陛下を待ち受けていた。

パラオのレメンゲサウ大統領夫妻、政府要人、ペリリュー州知事などのパラオの関係者。このほか近隣のマーシャル諸島共和国のロヤック大統領夫妻と、ミクロネシア連邦のモリ大統領夫妻も列席していた。

日本からも公募に応じて参列した人がいた。元海軍上等兵の土田《つちだ》喜代一《きよかず》さん（95歳、以下、年齢はすべて当時）＝福岡県筑後《ちくご》市《し》＝は、ペリリュー島の激戦からの生還者。これまで13回パラオを訪れ、米軍上陸70年目の２０１４年を最後と決めていた。しかし、両陛下のパラオ訪問前、御所で両陛下に当時の戦闘の模様を説明したこともあって、急きょ訪問を決めた。

ペリリュー島の向かいにあるアンガウル島の戦闘を生き残った元陸軍兵士、倉田洋二さん（88歳）＝東京都＝は、島で亡くなった約１２００人の戦友名簿を持ってきた。

ペリリュー島で戦車隊所属だった父親を亡くした田中恭子さん（77歳）＝青森県六戸町《ろくのへまち》＝は、父の写真が入ったカードケースを首からぶら下げた。戦車隊所属の兄を亡くした丁子八重子《ようろご》さん（78歳）＝千葉県銚子市＝も参列した。公募で集まった遺族に交じって、日本遺族会の尾辻秀久《おつじひでひさ》会長の顔も見えた。高齢者も多く、パラオ政府は万一のことを考えて医療班を配置していた。

午前10時半すぎ、両陛下の一行が到着した。張り詰めた空気のなかを、厚労省の村木厚子《むらきあつこ》事務次官が先導した。日本から運んできた白菊の花束が両陛下に手渡された。

慰霊碑の横に立つ木立が、強い日差しを遮るように木漏れ日を作っている。その木漏れ日を踏みしめて天皇と皇后は静かに前に進み出た。慰霊碑の献花台に花束を２つ、丁寧に置くと、ゆっくりと、深々と頭《こうべ》を垂れた。

この模様は日本でも実況中継された。高齢の両陛下が90度ほどにまでも腰を折り、身をもって示す慰霊の様子は、戦争を知らない世代でも感じるところがあったのではないだろうか。

「日本は一時期、このような無謀で悲惨な戦いをしたのだ」――と。それは歴史教科書にはない切実さをもって、見る者の胸に訴えかけてくる。

後ろに並ぶ参列者たちもこれに倣った。

次いで両陛下は慰霊碑の脇に進んだ。そこからは、やはり激戦が繰り広げられた10キロ先のアンガウル島が遠望された。そちらに向かって両陛下は再び深々と遥拝《ようはい》した。

遥拝が終わると、両陛下は参列している人たちの方に近づき、言葉を交わした。

戦友名簿を持ってきた倉田さんは、天皇から「ご苦労さま」と声をかけられた。「亡くなった戦友皆に声をかけてくださったと思います」と涙を浮かべた。

午前11時すぎ、両陛下は再びマイクロバスに乗り、次の慰霊の場所である「米陸軍第81歩兵師団慰霊碑」に移動した。パラオ、マーシャル、ミクロネシアの3大統領夫妻とパラオの要人らも車でつづいた。

米軍の慰霊碑のある場所には、以前、戦死した米兵の墓地があり、手入れされた広大な敷地に、腰ぐらいの高さの十字架がずらりと並んでいた。しかし後に米政府は遺体をすべて本国に移送し、現在は十字架1つを残して慰霊碑としている。

ここは米軍が上陸して日本軍と激戦となったオレンジビーチのすぐ近くである。オレンジビーチとは、米軍が上陸に際してつけたコードネームだ。

ここでも両陛下は日本からもってきた花束を供え、黙とうした。パラオ大統領らパラオの政府要人、駐パラオ米国大使と米軍関係者らがこれにつづいた。

このあと両陛下はオレンジビーチの波打ち際近くまで進み、当時の戦闘の模様の説明を受けた。終わると海に向かって深々と頭を下げた。波もない穏やかな海が広がっていた。

慰霊を終えると、両陛下は近くの集会場で地元の人々と交流した。そしてペリリュー島からヘリで、パラオ国際空港に。コロール島の日本大使公邸で遅い昼食を取り、レメンゲサウ大統領夫妻に見送られて午後4時半、パラオをあとにした。24時間のパラオ滞在だった。羽田空港に着いたのは夜だった。

両陛下の1泊2日のパラオの旅、その2日目は慰霊に費やされた。しかし初日にも触れておかねばならない。今回の両陛下のパラオ訪問は友好親善も目的であり、慰霊とは別に、天皇のこの地域への思い入れは深いものがあった。


東京を出発する8日朝は、気温3度という震え上がるような寒さだった。羽田空港では、皇太子、秋篠宮、安倍首相夫妻らが出席して、見送りの行事が行われた。

午前11時半、羽田空港を飛び立った民間チャーター機は、午後4時、パラオ国際空港についた。日本からほぼ真南に3200キロ、4時間半のフライトだった。空港にはレメンゲサウ大統領夫妻が出迎え、歓迎式典がもたれた。空港の一室で大統領夫妻と両陛下の会見が行われ、天皇は機中から見えた美しい珊瑚礁について語った。

そのあと、両陛下は大統領夫妻の案内で、車でコロール島の珊瑚礁センターに向かった。沿道では人々が日の丸とパラオの旗を打ち振って歓迎し、さながらパレードの様相だった。

珊瑚礁センターは日本の国際協力機構（ＪＩＣＡ）の協力で設立された。ハゼの研究で知られる天皇の来訪に備え、各種のハゼと珊瑚が展示されていて、天皇は説明役のゴルブー所長と英語で専門的なやりとりを交わした。

この夜、ガラマヨン文化センターで歓迎晩餐会《ばんさんかい》が開かれた。ミクロネシア連邦のモリ大統領と、マーシャル諸島共和国のロヤック大統領夫妻も両陛下の訪問に合わせて来訪していて、再会を喜んだ。両大統領夫妻も2日間、両陛下と行動をともにすることになっていた。ドレスコードは事前の打ち合わせで、アイランド・フォーマルといわれるアロハに似た開襟となっていた。天皇は白い開襟シャツ、皇后は白のパンタロンにグレーのチュニックで臨んだ。

晩餐会の答礼の辞で、天皇はパラオ、ミクロネシア、マーシャルの3大統領に感謝の意を表し、またミクロネシア連邦を10日前に襲った台風被害にお見舞いの言葉を述べたあと、こう述べた。

「ミクロネシア地域は第一次世界大戦後、国際連盟の下で、日本の委任統治領になりました。パラオには南洋庁が設置され…移住した日本人はパラオの人々と交流を深め、協力して地域の発展に力を尽くしたと聞いております。クニオ・ナカムラ元大統領はじめ、今日貴国で活躍しておられる方々に日本語の名を持つ方が多いことも、長く深い交流の歴史を思い起こさせるものであります」

「しかしながら先の戦争においては、貴国を含むこの地域において日米の熾烈《しれつ》な戦闘が行われ、多くの人命が失われました。日本軍は貴国民に、安全な場所への疎開を勧める等、安全に配慮したと言われておりますが、空襲や食糧難、疫病による犠牲者が生じたのは痛ましいことでした。ここパラオの地において、私どもは先の戦争で亡くなったすべての人々を追悼し、その遺族の歩んできた苦難の道をしのびたいと思います」

最後に3国との一層の交流と、それぞれの国民の幸せを祈って杯を挙げた。天皇はこの答辞に何度も手を入れて推敲《すいこう》したと川島前侍従長は書いている。

会津藩出身者の統治

ここで、いまの日本人にはあまりなじみのない、この地域と日本の歴史的関係について述べておこう。

1918年の第一次大戦終結によって、日本は敗れたドイツ植民地だった南太平洋のミクロネシア地域を、北マリアナ諸島とともに委任統治することになった。

広大な南太平洋は、人種や文化の違いによって大きく、ミクロネシア、メラネシア、ポリネシアの3地域に分かれる。日本が統治したミクロネシア地域は赤道の北側にあたる地域で、このあたりを含めた南太平洋の一帯を日本では南洋と呼んだ。

1922年、委任統治領の中心となるパラオに南洋庁が、他の島には支所が置かれ、ミクロネシア地域を統治した。晩餐会に出席し、翌日の慰霊にも同行した近隣のミクロネシア連邦、マーシャル諸国共和国も、当時はまだ独立していないミクロネシア地域内の島だった。

南洋庁が設立されたときに約3300人だった日本人は、以後増えつづけ、1940年には約8万5000人になっていた。全体の地元民は5万1000人だったから、日本人のなかに地元民がいるという状態といっていい。産業も本土から資本が流入し、サトウキビ栽培、水産、鉱業が発達した。

作家の中島敦《なかじまあつし》（1909～1942年）も南洋庁の教科書編纂《へんさん》係の職員だった。私立横浜高等女学校（現横浜学園高等学校）の国語と英語の教師だったが、1941年に辞職し、パラオに赴任する。翌年、戦争の激化で9カ月暮らしただけで帰国し、その年の12月に気管支喘息《ぜんそく》で亡くなるが、南洋は内地の延長として日本人には身近な地域だった。

日本人と地元民とが基本的にいい関係にあったことは、この地域が今日も親日的であることからもわかる。いまもパラオには日本統治時代の建物や神社、史跡が多く残っていて、日本語教育の結果、あいさつはもちろん、ベントウ、デンワ、モシモシ、ウンドウカイといった日常の言葉が住民の口をついて出る。

日本人と地元民の混血も進んだ。晩餐会に参加したミクロネシア連邦のモリ大統領も、1930年代に少年向け雑誌『少年倶楽部』で連載された「冒険ダン吉」のモデルとされる高知県の森小弁《こべん》の子孫だ。現在、モリ・ファミリーの一族は1000人ほどともいわれる。

この地域の人々が親日的な理由について、天皇が興味深い指摘をしたことを、川島前侍従長が明かしている。

南洋の開発に中心的役割を果たしたのは国策会社の南洋興発で、率いたのは会津藩出身の松江《まつえ》春次《はるじ》（1876〜1954年）だった。同社は1921年、松江の呼びかけで設立され、製糖や鉱業などに手広くかかわった。松江は約20年間、経営にかかわるが、敗者の立場を経験した松江だからこそ、地元民に思いやりがあったのではないかと天皇は指摘したという。

天皇がパラオを訪れたいと念願していた理由に、慰霊ということはもちろんある。ただ同時に、以上のようにこの地域が歴史的に日本とかかわりが深く、日系人がいまも多くいることとも無関係ではない。ナカムラ元大統領の名前を答辞で挙げたことにもそれが窺《うかが》える。

天皇は世界に散らばる日系人に深い思いを抱いている。カナダを旅したとき、ブラジルを訪れたとき、日本人の移住者やその子孫が活躍していることに大きな関心を寄せてきた。その国の日系人と日本の縁を大事にしたいとの思い、また日本の文化が残っている地域と日本の縁をつないでいきたいとの願いがあるのだろう。

北のパラオ、北原尾へ向かった理由

パラオの街で両国の旗を振って迎える人々に、両陛下は車を徐行させ、窓を開けてにこやかに手を振った。これは後日、駐パラオの田尻和宏大使が現地の知人から聞いた話だが、80代の日系の老人が「天皇は神様だと教えられていたからどんなに畏《おそ》れ多い、威厳のある方かと思っていた。あんなに優しい方だとは知らなかった」と言ったという。

駐パラオ日本大使館によると両陛下の訪問後、ペリリュー島に慰霊に訪れる日本人が増えている。遺族もいるが、小中高校生が見学でも訪れる。〝忘れられた戦争〟といわれたペリリュー島の玉砕戦が、天皇の訪問で日本に広く知られるようになった。またかつて南洋と呼ばれた日本と関係の深い地域があったことを知らしめた。天皇が日本人の視線と関心をこの地域に向けさせたことは間違いないだろう。

日本政府は太平洋・島サミットなどを通じて、ミクロネシア地域との関係強化を図ってきた。ただ日本に招くという一方的関係で、日本の首相が訪れたことはない。そこに初めて両陛下が訪れた。何か具体的な政治的、経済的な課題を達成したわけではない。しかし政治や

経済ではできないことを皇室外交はもたらした。

天皇、皇后はパラオ訪問から2カ月後の6月、宮城県蔵王町《ざおうまち》を訪問した。戦時中にパラオで暮らし、終戦で引き揚げてきた人々が開拓した集落「北原尾《きたはらお》」で、この訪問は両陛下の希望だった。「北原尾」の名前は「パラオを忘れない」との住民の思いからつけられた。「北のパラオ」という意味だ。高齢となった引き揚げ者たちと懇談した両陛下は、パラオでの生活や入植した当時の模様を聞き、戦中、戦後の苦労をしのんだ。

この年12月、82歳の誕生日にあたって宮内記者会と会見した天皇は、パラオの旅行に触れ、このように述べている。

「空から見たパラオ共和国はサンゴ礁に囲まれた美しい島々からなっています。しかしこの海には無数の不発弾が沈んでおり、今日、技術を持った元海上自衛隊員がその処理に従事しています。危険を伴う作業であり、この海が安全になるまでにはまだ大変な時間のかかることと知りました。先の戦争が、島々に住む人々に大きな負担をかけるようになってしまったことを忘れてはならないと思います」

両陛下の慰霊にかける思いは、揺るぎない信念であることを、なに人も否定できないだろう。皇太子、皇太子妃だったときからこのことは何も変わっていない。

天皇は皇太子時代の1981年、記者会見で日本がどうしても記憶しなければならない日が4つあると述べている。沖縄で日本軍の組織的な抵抗が終わった6月23日、広島と長崎に原爆が投下された8月6日と8月9日、そして終戦の8月15日を挙げた。

この慰霊の思いについて、侍従長だった渡邉允《わたなべまこと》氏が1994年、両陛下に随行して米国を訪問したときのことを明かしている。

両陛下は6月23日の沖縄慰霊の日に、サンフランシスコに滞在することになった。沖縄の平和祈念公園では毎年、その日に沖縄全戦没者の追悼式が行われ、式典の最中の正午に黙とうが捧《ささ》げられる。天皇は、その時間がサンフランシスコで何時に当たるか調べて欲しいと渡邉氏に頼んだ。調べると、サンフランシスコ市長主催の晩餐会のはじまる時間に当たってい た。そう報告すると天皇は「晩餐会のはじまる時間を少し遅らせてもらえないだろうか」と述べた。先方に伝えると、先方は快く受け入れてくれた。「当日、晩餐会に出かける前に、両陛下はホテルの部屋で黙とうなさっていました」という。

では「慰霊の旅」といわれるものが輪郭を現したのはいつだろうか。私は1994年の硫《い》黄島《おうとう》が最初ではないかと思う。

今上天皇の1990年の「即位の礼」を巡る儀式は、さまざまな関連行事を含め、ほぼ1年つづいた。この皇位継承の過渡期をすぎると、外国の賓客の来日、外国訪問など、さまざまな公的行事が待ち構えていた。

一段落ついた1994年2月、小笠原《おがさわら》諸島の日本復帰25周年の翌年、両陛下は2泊3日の日程で東京都小笠原諸島の視察を行ったが、この初日に硫黄島訪問を組み込んだ。2月に訪問したというのは重要だ。後述のサイパン訪問でもそうだが、両陛下は日程の調整がきくなら、焦点の戦闘が行われたと同じ月に合わせて訪問するように心がけていると思えるからだ。

小笠原諸島の硫黄島では、大戦末期の1945年2月から約1カ月間、日本軍と上陸した米軍との間で死闘がつづき、日本軍2万人が玉砕、米軍約7000人が戦死した。この戦いは、大宅《おおや》壮一《そういち》ノンフィクション賞受賞の梯久美子著『散るぞ悲しき―硫黄島総指揮官・栗林忠道―』や、映画「硫黄島からの手紙」ですっかり有名になった。

立ち入りが制限され、民間機も飛んでいない硫黄島に、両陛下は羽田空港から自衛隊C1輸送機で飛んだ。日本人戦没者を祀る国の「天山《てんざん》慰霊碑」は、旧海軍司令所の地下壕の上に建てられている。水が出ず、高い地熱で渇きに苦しんだ兵士らをしのんで、両陛下はひしゃくで慰霊碑に水を掛け、白菊の花束を供えて黙とうした。日米両国兵士らの霊を祭った東京都の「鎮魂の丘」でも同様に献花し、黙とうした。

車で島を巡っているとき、旧島民の戦没者を祭る平和祈念墓地公園の前に来ると、車を一時停車させ、車中から頭を下げた。

美智子皇后はこう歌を詠んでいる。

慰霊地は今安らかに水をたたふ如何《いか》ばかり君ら水を欲りけむ

初の海外への慰霊、サイパンへ

翌1995年の戦後50年の年には、両陛下は国内の戦災地を歴訪した。

原爆被災地の長崎の平和祈念像（7月26日）

広島の原爆慰霊碑（同27日）

沖縄県糸満市《いとまんし》の国立沖縄戦没者墓苑《ぼえん》（8月2日）

東京大空襲の犠牲者の遺骨が納められている東京都慰霊堂（同3日）

戦後60年に当たる、2005年1月の歌会始で、天皇はお題「歩み」にこう詠んだ。

戦《いくさ》なき世を歩みきて思ひ出づかの難《かた》き日を生きし人々

戦後平和のありがたさを思うにつけ、耐え難い困難を生き抜いた日本人たちが確かにあった、それを私たちは決して忘れるべきでない。控え目な表現ながら、確固とした覚悟を感じさせる。この歌に、天皇の「慰霊の旅」への強い意志を感じ取った人は少なくなかっただろう。このころから、初めての外国への「慰霊の旅」となる、米国自治領サイパン訪問に向けて、本格的な検討が始まった。

4月26日、閣議で両陛下が6月27、28日の1泊2日でサイパンを訪問することが正式に決まった。戦前も含め天皇、皇族がサイパンを訪問するのは初めて。小泉純一郎首相は「戦後60年の節目の年に、政府が慰霊と平和祈念のため両陛下に海外訪問をお願いした」との談話を発表した。

ただし訪問国となる米国との外交的な調整も必要だった。

本来、両陛下の外国訪問は親善友好が目的で、相手国も元首クラスが出迎える。しかし日本側は「慰霊が目的で、厳粛に進めたい」との要望を米国に伝えた。また政治色をなるべく薄めるため、通常は首相経験者などが務める首席随員にも羽毛田《はけた》信吾《しんご》宮内庁長官を指名した。

調整の結果、米側もこれを尊重して、米政府代表としてシーファー駐日大使を、国務省代表としてデミング元駐日公使を、現地に派遣して接遇することを決めた。

もう1つ、日本側が米国に強調したのは、慰霊は日本人だけでなく、すべての犠牲者が対象であるという点だった。米国では両陛下の訪問が、米国の元軍人や戦没者遺族を刺激することを心配する声が上がっていた。

6月27日午前、皇族や小泉首相らが見送る羽田空港での出発の行事で、天皇はこう述べた。率直な気持ちがにじみ出ているので、少し長いが引用しよう。

「昭和19年6月15日には米軍が上陸し、孤立していた日本軍との間に、20日以上にわたり戦闘が続きました。61年前の今日も、島では壮絶な戦いが続けられていました。

…亡くなった日本人は5万5000人に及び、その中には子供を含む1万2000人の一般の人々がありました。同時に、この戦いにおいて、米軍も3500人近くの戦死者を出したこと、また、いたいけな幼児を含む900人を超える島民が戦闘の犠牲となったことも決して忘れてはならないと思います。

…この度、海外の地において、改めて先の大戦によって命を失ったすべての人々を追悼し、遺族の歩んできた苦難の道をしのび、世界の平和を祈りたいと思います」

推敲に推敲を重ねたであろう文章であることが伝わってくる。ポイントとなるフレーズは2つ。「61年前の今日も…」と「海外の地において…」だ。

61年前の今の今、壮絶な戦闘が繰り広げられていたのですよ、という切迫感。そしてこれまでの「慰霊の旅」は国内を巡るものだったが、今回は「海外の地において…追悼し…祈りたい」との表明。「慰霊の旅」が新しいフェーズに入ったことを伝えている。

日本からサイパンまで2300キロ。3時間半の飛行ののち、午後5時前、両陛下は政府専用機でサイパン国際空港に到着した。北マリアナ諸島自治政府のババウタ知事やシーファー駐日大使らが出迎えた。しかし通常の外国訪問で行われる歓迎行事は省かれた。

この日、両陛下は宿舎のホテルで、日本から現地を訪れた犠牲者の遺族や元日本兵ら約40人と懇談。出席者1人ひとりの話に耳を傾けた。

翌28日は午前の早い時間から、島の北端にある「中部太平洋戦没者の碑」で献花と黙とうを行ったのをはじめ、米軍への投降を拒んだ日本の民間人が断崖《だんがい》から身を投じたバンザイクリフとスーサイドクリフを訪れて黙とう。最後にアメリカ慰霊公園で米軍の慰霊碑と現地の先住民の記念碑に献花した。

天皇、皇后はこのときのことを、それぞれ歌に詠んでいる。

あまたなる命の失せし崖の下海深くして青く澄みたり

いまはとて島果ての崖踏みけりしをみなの足裏《あうら》思へばかなし

韓国人を慰霊する「韓国平和記念塔」と、沖縄県出身者の「おきなわの塔」にも立ち寄って、黙とうを捧げた。事前には公表されていなかったが、天皇の希望だったという。最後にちょっとしたハプニングがあった。両陛下が一連の慰霊を終え、地元の敬老センターに立ち寄った。すると地元のお年寄りたちが明るい声で軍歌「海ゆかば」を歌って歓迎した。お年寄りたちは覚えている日本語の歌として屈託なく披露したのだった。

両陛下は同日夜、羽田空港に着いた。サイパンを出発する前、川島式部官長を通じ「慰霊の一連の行事がつつがなく終わって本当によかった」と感想を寄せた。

解決すべき慰霊の非対称性

「慰霊」は外交においても重要なイベントである。とくに国賓としての訪問では、必ず慰霊が日程の、それも最初に組み込まれる。1国の元首は訪問した国の戦没者慰霊碑や無名戦士の墓など、名称はさまざまだが、その前に詣《もう》でて献花し、黙とうする。

その国のために殉じた人を、外国の元首が悼み、拝礼する。これはその国に対する最高の敬意と友好の証《あかし》を示すことになる。とくにかつて互いに敵同士だった場合、慰霊は和解と協力の象徴的行為となる。国賓訪問での慰霊は相互主義で、訪問された国の元首が逆に相手国に行ったら、同様に慰霊を行う。

この外交における慰霊を「単なるパフォーマンス」と片付けるのは間違いである。これはオバマ米大統領が２０１６年5月27日、広島の原爆慰霊碑を、米大統領としては初めて訪れたときのことを想起すればわかる。

原爆を投下した国の最高の地位にあるものが、慰霊碑に献花し、慰霊碑としばし向き合い、明確な謝罪の言葉はなかったものの、犠牲者を悼み、「我々は過去の過ちとは異なる物語を語ることができる」と語ったことは、謝罪に近いものが感じられた。被爆国の人間として、文章で読み返して心にしみるものがあった。

両陛下は国賓として訪問すると、こうして必ず慰霊碑に拝礼するが、実は外国から元首が来日しても、相互主義になっているはずの慰霊は行われない。それはA級戦犯が合祀《ごうし》されている靖国神社には外国首脳は行けず、代替する施設も日本政府が用意していないからだ。

A級戦犯合祀前は靖国神社で慰霊した外国首脳もいたようだが、１９７８年の合祀以降、足を踏み入れた首脳はいない。

両陛下は外国でその国の戦没者を慰霊するが、外国首脳は日本の戦没者を慰霊しない。この慰霊の非対称性を、我々は重く受け止めるべきだと思う。

もしそういう施設があり、外国首脳が戦没者に深々と頭を垂れたなら、東京大空襲やアジア各地での戦闘、太平洋の島々で亡くなった人々の遺族の心のわだかまりは軽くなるだろう。遺族でなくとも、また戦争体験のない戦後世代でも、歴史を共有してきた日本人として感じるものがあるはずだ。しかし日本人にはその機会が与えられていない。

近年、多くの外国首脳が広島・長崎に足を運ぶ。反核の願いの共有もあるだろうが、日本に全戦没者を慰霊する場所がないから、広島・長崎で代替している面もあるのではないかと私は感じている。もとより広島・長崎は全戦没者を慰霊する施設を代替する場所ではない。

A級戦犯の合祀取り下げ、または国立施設の建設、または暫定的に千鳥《ちどり》ケ淵《ふち》戦没者墓苑を代替にあてるなど、外国首脳が慰霊する場所を設けるべきだと思う。慰霊の非対称性を解決しなければならない。

民主主義の理想を率先して示そうとする姿

この天皇、皇后の慰霊にかける思いはどこから来ているものなのだろうか。たどっていくと、第５章で触れた１９５３年の明仁皇太子のときの欧米訪問に行き着かざるを得ない。外国を旅すると、より客観的に日本を見、考えるようになるのはだれしもが経験することである。しかもこのときの明仁皇太子は多感な19歳である。

この旅は、１つの国から次の国へとあわただしく移動するものではなかった。船で太平洋を渡り、カナダは列車で、途中の駅に止まりながら横断し、また大西洋を船で渡る。欧州大陸も列車を使った。考える時間がたっぷりと与えられた旅だった。

その時間のなかで、敗戦国の人間という肩身の狭い思いをしながらも懸命に生きている在留邦人や、君が代を歌って歓迎してくれたカナダや米国の日系人に触れた。また敗戦国・日本に対する現地の人たちの複雑な視線や、国際社会における小国日本の隠しようもない現実も実感しただろう。英国の元捕虜たちの日本に対する根深い恨みを知ったのもそのときだ。

しかし同時にそうした厳しい英世論にあっても、両国の将来のため、皇太子が少しでも気持ちよく過ごせるようにと、骨身を惜しまず務めてくれた英国人も少なくなかった。

こうした諸々《もろもろ》の出会いのなかで、青年皇太子はあの戦争は日本にとって何だったのかと自問し、父・昭和天皇はなぜあの戦争を止められなかったかを考えたはずである。

第二次大戦は天皇の名において行われた。明仁皇太子に直接の責任はないとはいえ、皇位の継承者として責任の一端を考えないわけにはいかなかっただろう。別の言い方をするなら、再出発した新生日本における自分の使命はどうあるべきかを自覚する旅だったと思う。

旅に随行した宮内庁の吉川氏は「日本にプラスになることならなんでもするというお気持ち」と表現した。皇太子として、そして将来、天皇として、自分が果たしていくべき使命を、自分のなかに具体的なイメージとして結んでいく過程こそあの外遊だったのではないだろうか。この延長線上に現在の慰霊の旅がある。

もう１つ言うなら、この１９５３年の旅に、天皇を今日の天皇ならしめている原点があるように思う。慰霊への真摯な取り組み、戦後民主主義の理想的な部分を体現しようと努めているその姿、東日本大震災をはじめとする日本各地の自然災害の被災地で、美智子皇后とともに床に膝《ひざ》をついて被災者に向き合うその態度、日本、外国を問わず、極力人びととの触れ合いを大事にしようとする考え…。

なかでも天皇は戦後民主主義の理想的なあり方を自ら率先して示そうとしてきた。平和の祈念、原爆をはじめとする大量破壊兵器の非人道性への言及、また戦後70年となる2015年の年頭にあたって出された所感もそうだ。

このなかで天皇は
「本年は終戦から70年という節目の年に当たります。…この機会に、満州事変に始まるこの戦争の歴史を十分に学び、今後の日本のあり方を考えていくことが、今、極めて大切なことだと思っています」

と述べた。「戦争」とは1941年12月に始まった太平洋戦争ではなく、1931年9月の満州事変に始まったものとの認識だ。保守派の政治家や論客の「太平洋戦争は米英などの経済封鎖で、やむなく始めた戦争」との言説に対する静かな反論になっている。

また「戦争の歴史を十分に学び、今後の日本のあり方を考えていくことの大切さ」への言及には、昭和天皇がたどった道を自分はたどるまい、破滅をもう2度と繰り返してはならないとの決意とともに、歴史を都合よく解釈することへの戒めも感じられるのである。

こうして振り返ると、青年皇太子の欧米の旅がいかに大きな意味をもったかである。

親中から親日へ、フィリピンの心変わり

天皇、皇后は２０１６年1月、フィリピンを国賓として訪問した。アキノ大統領の招待に応《こた》えた友好親善訪問だが、両陛下の強い希望で滞在中に「慰霊の日」も設定した。友好親善訪問と、サイパン、パラオに次ぐ3回目の外国における「慰霊の旅」でもあった。

サイパン、パラオ、フィリピンは、いずれも大戦末期、日本軍と米軍の間で激戦が展開され、多大な犠牲者を出した地域である。フィリピン訪問が単に友好親善だけでなく、「慰霊の旅」という位置づけを与えられたのは、両陛下の関心からも当然のことであった。

ただ日比国交樹立60周年に当たるこの訪問が政治的意味とは無縁であったわけではない。というのはアキノ政権になって「戦略的パートナーシップ」関係を深めてきた日比両政府にとって、この訪問は政治・外交的関係の1つの到達点を印すものでもあったからだ。

ここ5年余の両国の政治・外交関係を振り返っておこう。

フィリピンは南シナ海の南沙《なんさ》諸島（スプラトリー諸島）をめぐり中国との間に領土問題を抱えているが、２０１０年6月に就任したアキノ大統領は、当初、日本と中国の間でどう距

離を取るか迷いが見られ、むしろ中国と妥協点を探っていた。

そんなフィリピンを、日米両国は中国の海洋進出を牽制《けんせい》する側につなぎ留めるべく働き掛けてかけてきた。その節目となったのが2011年9月、同大統領の訪日だった。

日本は民主党政権の野田佳彦氏が首相で、両首脳は「戦略的パートナーシップ」の強化を目指す共同声明を発表。中国の海洋進出を念頭に、海上の安全確保を「共通の戦略的利益」と位置づけ、海上保安庁によるフィリピン沿岸警備隊の能力向上支援や、防衛当局間の交流促進を盛り込んだ。フィリピンを対中牽制の戦列に引き戻した大きな転換点だった。

尖閣《せんかく》諸島問題で中国との対立が先鋭化していた日本にとって、フィリピンとの関係強化は大きな外交的成果だった。東南アジアの多くの国が、日中のいずれか一方の肩を持って他方の不興を買うことを恐れて様子見をつづける中で、日本は貴重な提携相手を得たからだ。この日比連携は2012年12月発足の第2次安倍政権に引き継がれた。

日米との連携の下で、フィリピンは2013年1月、南シナ海で人工島建設を進める中国を、国連海洋法条約に基づきオランダ・ハーグの常設仲裁裁判所に提訴した。翌年には米国との間で米軍派遣拡大を図る新軍事協定を結んだ。

90年代初め、米軍は同国から撤退したが、この力の空白を埋めるように中国が南シナ海で人工島を建設しはじめた。新協定で米軍を再び引き入れ、対中牽制を図ろうとの狙いだが、米国のアジア・シフトを補完するものでもあった。

フィリピンとの戦略的提携にあって、日本は２０１５年６月２日、アキノ大統領を国賓として招いた。関係の緊密化を反映して、同大統領の来日は６度目。大統領として訪問した国として最多だった。日本は厚遇で迎え、参院本会議場で演説する機会も提供した。

３日、参院本会議場に満場の拍手で迎えられた同大統領は、安倍政権が成立を目指す安全保障関連法案について「国会審議に最大限の関心と強い尊敬の念を持つ」との言い回しで強い支持を表明。また威圧的行動で海洋進出を強める中国を念頭に「日本との関係は地域の自由を確保するための最前線にある」と、さらなる比日連携を呼びかけた。

この夜、皇居・宮殿で晩餐会が催された。天皇はおことばで、第二次大戦でフィリピンが戦場となって、同国の人々が多数犠牲になったことを引き、こう述べた。

「私ども日本人が深い痛恨の心とともに、長く忘れてはならないことであり、取り分け戦後70年を迎える本年、当時の犠牲者へ深く哀悼の意を表します」

フィリピン大統領を国賓として迎えた過去２回（２００２年、１９９３年）の晩餐会では戦争への言及はなかった。戦後70年の節目ということもあったのだろうが、戦争に対する日本の責任についての天皇の深い思いをのぞかせた。

これに対して、アキノ大統領は答礼スピーチで次のように語った。

「過去に経験した痛みや悲劇は、相互尊重や尊厳に根ざした関係構築に努めるという貴国の約束によって癒されてきました」

翌4日、安倍、アキノ両首脳は首脳会談を行った。2人にとって6回目となる会談だった。この会談で、両首脳は両国関係がアジア太平洋地域を越えて、グローバルな共通の理念と目標のため努力する段階に入ったことを確認し、日本はフィリピンの海洋防衛能力を高めるため、フィリピン沿岸警備隊が調達する巡視船10隻の建造協力をはじめ、防衛装備品や技術の移転などの交渉開始で合意した。

このあと迎賓館で安倍首相主催の歓迎夕食会が開かれたが、この席で安倍首相は2年前に台風がフィリピンを襲った直後、自衛隊が現地に駆けつけ、また多くの日本人が支援を申し出たことに対し、官邸の英語版フェイスブック（Facebook）に世界中のフィリピン人から記録を大幅に塗り替える数の「いいね！」や感謝のメッセージが寄せられたことを紹介した。

「両国民の善意と決断こそが、今日の両国の関係を支えています」

と述べ、杯を挙げた。

5日、両陛下は都内のホテルでアキノ大統領と面会し、別れのあいさつをした。同大統領は晩餐会での天皇のおことばについて「おことばの中に示された賢明さに刺激されました」と述べた。また大統領は「素晴らしい歓迎に感謝しています。フィリピンにお越しいただき、ぜひお返ししたい」と表明、天皇は「お気持ちに感謝します」と応じた。すでにフィリピン政府から日本政府に対して正式な招待がなされていたが、改めて大統領が言及した。

こうした両国の政治・外交関係の脈絡で、両陛下のフィリピン訪問は行われた。両陛下の外国訪問は現実の政治とは無関係である。これはこれとして事実だが、この年6月のアキノ大統領の任期満了による退任を見据えて、今回の訪問が結果としてこの5年余の日比両国の戦略的関係の深まりを象徴するものになったことは否定できないだろう。

54年ぶりのフィリピン訪問で

2016年1月26日、両陛下は政府専用機で首都マニラのニイノ・アキノ国際空港に到着し、5日間の訪問を開始した。初日、両陛下はまだ非公式訪問のステータスで、国賓としての日程は翌27日から始まる。にもかかわらずアキノ大統領と、ファーストレディーを務める大統領の姉のアベリャダさんが出迎えた。両陛下への深い敬意の表れである。

両陛下は宿泊先のホテルで、日本から派遣されている青年海外協力隊員とも懇談し、夕方、マニラ湾に沈む夕日を一緒に眺めた。両陛下のフィリピン訪問は54年ぶりだった。

1962年11月、ガルシア大統領の訪日の返礼として、皇太子と美智子妃はフィリピンを初めて公式訪問している。戦争が終わってまだ17年。直接被害を受けた人も多く、日本に対して複雑な感情がまだ色濃く残っていた時代だ。

大戦末期、米軍の反攻で、フィリピン各地で戦闘が繰り広げられ、最後はマニラも市街戦の場となり、民間人も多数犠牲となった。最終的に日本軍約51万8000人、フィリピンも軍民合わせて約110万人が亡くなっている。

天皇はのちに皇太子のときの訪問を振り返って、アキノ大統領に「フィリピン国民が過去に経験した痛みを思うと、自分をどのように迎えてくれるのか不安だった」と明かしている。

しかし皇太子の不安を払うように、マカパガル大統領は皇太子夫妻の乗った飛行機のタラップの下まで出向いて迎え、晩餐会を開き礼を尽くした。滞在中は、皇太子夫妻が嫌な思いをしないよう厳重な警備態勢を敷いた。

ではフィリピン世論はどうだったのか。今回の天皇、皇后の訪問に合わせ歴史家アンベス・オカンポ氏が、英字紙インクワイアラーに「1962年、アキヒトとミチコはフィリピン人をどう魅了したのか」のタイトルで寄稿している。これが当時の雰囲気を伝えている(同紙2016年2月5日のホームページ)。

「当時、私は生後8カ月だった。改めて当時の新聞を繰ると、日本に対する怒りが少なからずあったのがわかる。しかし皇太子とミチコ妃はフィリピン人を魅了した。国立フィリピン大学では夫妻の訪問に抗議行動を起こそうとの動きがあったが、抗議はなされず、逆に夫妻は学生たちの大歓迎を受けた。ロムロ学長は『ミチコ妃の美しさにフィリピン人は武装解除された』と述べている」

夫妻が行くところ、ミチコ妃の美しさが人々の話題になったという。オカンポ氏は寄稿のなかで、当時のマニラ・タイムズの次のような記事を引用する。

「フィリピンの人はミチコ妃の繊細で磁器のような美しさに魅了された。小さな形のいい貝のような耳たぶにはイヤリングはなかった。…肌の色は自然で、お化粧をしていないのかとさえ思わせた」

オカンポ氏によると、記者たちとの会見で皇太子に「人気ある夫人の陰を歩くのをどう思いますか」との質問が飛んだ。美智子妃が微笑みながら「私は皇太子の妻です」と答えたという。皇太子が一部の反対を押し切って庶民出身の美智子さんを妃《きさき》に選んだことや、2人がテニスを通じて出会ったエピソードも、権威やスノッビズムとは無縁なものとして、好意的に受け止められたのだろう。戦争中の残虐な日本軍のイメージを夫妻が覆したのだ。

そうであっても、戦争中の日本軍の行為に対する恨みがなくなったわけではない。そのことは皇太子もよく分かっていただろう。マカパガル大統領夫妻の主催した晩餐会で皇太子は、戦時中に両国の関係が中断したことを「悲しむべきこと」と述べた。

5泊6日の訪問中、皇太子は独立の英雄ホセ・リサール（1861〜1896年）の記念碑に献花し、戦争で夫を亡くした女性たちで作る団体とも懇談した。孤児院も訪れていて、美智子妃が幼児を抱いている写真も現地紙に載った。

皇太子と美智子妃が、革命の闘士で、フィリピンの初代大統領だったエミリオ・アギナルド氏（1860～1964年）と会っていることが興味深い。

フィリピンは長いことスペインの植民地だったが、米西戦争でスペインが敗れると1898年、アギナルド氏はマニラ南方カビテ州の自宅バルコニーから独立を宣言。その後、米国がフィリピンを植民地にするが、1899年からそれまでの2年間、大統領の職にあった。

同氏は清《しん》朝を破り、近代国家造りに励む明治天皇を尊敬し、自分たちも日本のような国造りをしたいと、明治天皇との書簡のやりとりもあったという。皇太子夫妻がアギナルド氏と会ったのは明治天皇との関係からだったのだろう。

先のオカンポ氏の寄稿によると、夫妻はアギナルド氏のカビテ州の自宅まで足を運び、皇太子は「貴殿のよき友人だった明治天皇のひ孫です」と自己紹介したという。3人が同氏の自宅バルコニーに出ているところを両国のカメラマンが写真に収めたが、皇太子は「独立宣言を述べた家の、そのバルコニーに立てて感無量です」と述べたという。

同氏は皇太子にマホガニーの箱を、美智子妃にはハンカチをお土産に贈った。皇太子夫妻はアギナルド夫妻に菊の模様のある銀のお盆を贈ったという。アギナルド氏は皇太子夫妻との面会のため、わざわざ入院していた病院から一時帰宅した。２年後に94歳で亡くなった。

生まれながらに背負う重荷

今回の訪問に戻ろう。２０１６年1月27日朝、マニラのマラカニアン宮殿（大統領府）を訪れた両陛下を、アキノ大統領と姉のアベリャダさんが出迎え、歓迎式典が行われた。両国の国歌が演奏され、21発の礼砲が鳴った。天皇は儀仗《ぎじょう》兵から栄誉礼を受け、１９７０年の大阪万博のテーマソング「世界の国からこんにちは」も演奏された。歓迎式典のあと、両陛下とアキノ大統領が懇談し、マニラの交通渋滞などが話題になった。

宮殿から約５００メートルのところでは、元従軍慰安婦や市民団体の約２００人が、日本政府の公式謝罪などを求めて抗議集会を開いたが、大きな混乱はなかった。

このあと両陛下は54年前にも訪れた独立の英雄ホセ・リサールの記念碑と、無名戦士の墓を訪れ、花束を捧げて黙とうした。

この夜、歓迎晩餐会がもたれ、日比両国関係者約２００人が出席した。

アキノ大統領が両陛下に会うのはこれが4回目。歓迎スピーチに立った大統領の言葉は儀礼を超えて、両陛下の心情を思いやった心温まるものだった。

大統領は初めて両陛下に会った際、その誠実さと優美さに驚かされたと明かし、こう述べた。

「両陛下がいかにして責務や義務を果たされ、多大な犠牲を払われてきたのかを思うと、驚嘆せずにはいられません。そしてそのすべては、さまざまな関係を立て直し、さらに良いものにしていきたいという、ご生涯をかけた献身の一環を成すものなのです」

「両陛下は生まれながらにして重荷を担い、…他者が下した決断の重みを背負ってこられねばなりませんでした。しかし、こうした歴史の上に、両国は以前よりもはるかに揺るぎない関係を築いてきました」

天皇は父・昭和天皇の名前で始められた戦争の責任の重荷を生まれながらに背負い、戦争によってこじれた関係を生涯かけて立て直そうと献身しておられる。優雅な表現ながら、両陛下のある本質をズバリ突いている。アキノ大統領の観察力も並大抵ではない。

大統領はフィリピンへのさまざまな日本の貢献に謝意を示したあと、こう述べてスピーチを締めくくった。

「両陛下の人生のこの時点でわが国にお越しくださるご選択をなされたことを思うと、いっそう意義深いものとなります。…今宵《こよい》、敬愛の象徴たる両陛下にご臨席たまわったことを心から名誉に思うとともに、これは全出席者の総意でもあると申し添えます」

高齢の両陛下の訪問には、最高のタイミングだったとの表明だった。

答辞に立った天皇は、

「54年前…マニラ空港に着陸した飛行機の機側に立ち、温顔で迎えてくださったマカパガル大統領ご夫妻をはじめ、多くの貴国民から温かく迎えられたことは、私どもの心に今も深く残っております」

と先の訪問を振り返った。さらにこの朝、その記念碑に献花した独立の英雄ホセ・リサールが若き日、日本に１カ月半滞在し、「将来、両国がさまざまな交流や関係を持つであろう」と書き残したことに触れ、

「リサールは、フィリピンの国民的英雄であるとともに、日比両国の友好関係の先駆けとなった人物でもあります」と指摘した。

そして先の戦争で、多くのフィリピンの人々が犠牲になったことに

「このことは、私ども日本人が決して忘れてはならないことであり、このたびの訪問においても、私どもはこのことを深く心に置き、旅の日々を過ごすつもりでいます」

と述べた。大統領と天皇は笑みを浮かべて杯を挙げ、これに招待者全員がならった。

慰霊の旅はなぜ続くのか

翌28日は、日本への留学経験のある元学生と、日系人の代表との面会にあてられた。

日系人との面会は、当初、代表だけとの懇談の予定だったが、「なるべく多くの人と会い

たい」という両陛下の希望で、2回に分けて約１００人と会い、握手をし、英語で「わざわざ来てくれてありがとう」「お体を大切にね」と励ました。

29日は日本人犠牲者の慰霊にあてられた。この日午前、首都マニラからヘリコプターで、南東約65キロのところにあるラグナ州カリラヤまでは随員と飛んだ。「比島戦没者の碑」は日本政府が比政府との合意で、１９７３年に谷口吉郎氏の設計で設立。フィリピンでの日本人戦没者約51万８０００人を慰霊する。

日本から来た約１５０人の遺族も参列して見守るなか、両陛下は白い花束を献花台に静かに置き、深く黙とうした。このあと両陛下は遺族に言葉をかけて、亡き人たちをしのんだ。

両陛下の外国での３つの慰霊は、それぞれに性質が違う。最初のサイパン（２００５年）は政治色を極力薄め、「慰霊の旅」に徹した。2番目のパラオ（２０１５年）は「慰霊の旅」と同時に、パラオと周辺地域がかつて日本と浅からぬ縁で結ばれていたことを踏まえ、友好親善の目的も果たした。フィリピンは「政治」と「慰霊」の2本立てと言っていいだろう。政治に関わらない天皇ではあるが、広い意味での政治的脈絡からは無縁ではなかった。

フィリピン政府が「政治」と「慰霊」の両立を図りたいという両陛下の気持ちに理解を示していたことは、先のアキノ大統領のスピーチからも窺える。

滞在中、思いがけない対面もあった。28日夜、日本大使主催のレセプションが公邸で開かれたが、フィリピン各界のお歴々のなかに交じって、故エルピディオ・キリノ大統領（1890年〜1956年）の孫娘のコリーさん（63歳）とルビーさん（62歳）の2人が招かれた。

日本のテレビでドキュメンタリーが放送されたからご存じの方もいるだろう。大戦末期のマニラの市街戦で、キリノ氏は妻と、5人の子供のうち次男、長女、三女の3人を日本兵に殺害された。戦後、副大統領だった1948年、大統領の突然の死で、大統領の職に就くことになった。しかし日本との関係で、キリノ大統領には重い決断が待っていた。死刑囚を含む日本人戦犯108人の扱いだ。

国民の反日感情は極めて強く、自身も家族4人を殺されている。一方で、日本からは政府、民間挙げて助命嘆願書が殺到していた。板挟みのなかで1953年7月、日本人戦犯全員の特赦令を出し、帰国を許した。まさに天皇が皇太子として欧米訪問の旅をしているさなかのことだった（第5章参照）。この特赦令が3年後の日比国交正常化につながる。

招待客で混雑するホールの一角で、天皇とコリーさん、ルビーさんが話し込んでいた。

コリーさんは天皇に「祖父はいつか日本とフィリピンが一つになることを夢見ていました。きょう、私たちがお会いできたのは、祖父の夢がかなったということです」と思いを語ると、天皇は「おじいさんは日本にとって特別な方です。決して忘れません」と答えたという。

30日、両陛下は4泊5日の全日程を終えて帰国した。ニイノ・アキノ国際空港では見送りのアキノ大統領と何度も握手を交わして、別れを惜しんだ。

両陛下が「慰霊の旅」をつづける理由をより良く表していると思われる言葉がある。1975年7月、皇太子夫妻で初めて沖縄を訪問し、「慰霊」のため「ひめゆりの塔」を訪れたときのおことばである。

「払われた多くの尊い犠牲は、一時の行為や言葉によってあがなえるものではなく、人々が長い年月をかけて、これを記憶し、1人ひとり、深い内省のなかにあって、この地に心を寄せ続けていくことをおいて考えられません」

そしてこのあと「県民の皆さんには、過去の戦争体験を、人類普遍の平和希求の願いに昇華させ、これからの沖縄県を築き上げることに力を合わせていかれるよう心から期待しています…」と続くのだが、注目してほしいのは前段の部分である。

「多くの尊い犠牲は、一時の行為や言葉によってあがなえるものではない」

これは人々への訴えかけだけでなく、自分自身に向けた言葉だと感じる。天皇、皇后の慰霊が、往々にして政治や外交的な儀礼を超えた哲学や宗教の次元にあるように思えるのは、自らもその責めを生涯引き受けるというその姿勢からではないか。

第7章　国際政治に寄せる両陛下の関心

歌に込められたその思い

なぜ国際政治への関心が高い？

天皇、皇后の世界の情勢への関心は高い。

1993年、カンボジア和平に携わったある日本人幹部が、両陛下に報告を兼ねて、宮中に挨拶に訪れたとき、美智子皇后はこう述べたという。

「冷戦が終わって、その後の国際情勢を見ていて自分が感動したことが2つあります。ベルリンの壁が崩れ、ドイツが1つになったとき。もう1つがカンボジアの総選挙です。カンボジアの有権者の女性が一番の晴れ着を身につけて、ポル・ポト派の脅威にもかかわらず嬉々として選挙に駆けつけた。この感動は忘れられません」

この幹部は「この言葉を聞いて私は面目をほどこしました」と私に語っている。

70年代から内戦がつづいていたカンボジアは、1989年からカンボジアの武装勢力各派が参加して和平交渉がパリで始まり、1991年10月、和平協定が調印された。これに基づき国連カンボジア暫定統治機構（UNTAC）が設置され、国連の監督の下で1993年5月、新憲法制定のための国会議員を選出する選挙が実施された。

唯一、選挙をボイコットしたポル・ポト派の武力妨害が心配されたが、投票当日、人々は晴れ着を着て投票所に行き、長い列を作った。投票率は89％に上り、和平に対するカンボジアの人たちの強い期待をうかがわせた。選挙は成功裏に終わり、この年の9月、新憲法に基づきシアヌーク殿下が国王に即位し、新生カンボジアが誕生した。

日本は１９９２年、国連平和維持活動協力法（いわゆるＰＫＯ法）を成立させて、初めての自衛隊の海外派遣となるカンボジアＰＫＯに参加。国連ボランティアの中田厚仁《あつひと》氏と文民警察官の高田晴行《はるゆき》警視が何者かに襲撃され殺される犠牲を払ったが、選挙の成功に貢献した。

私に「面目をほどこしました」と語った幹部は、１年半にわたり現地で奮闘した。その苦労が、皇后の言葉に報われた気持だったのだろう。

天皇、皇后が世界の情勢へ強い関心を持つのは当然といえば当然だ。なぜならば両陛下は自分たち自身が、広い意味での皇室外交にかかわっているからだ。

こういうと「皇室には外交はありません」と宮内庁から抗議されそうだが、もちろん特定の外交的な課題解決のために天皇、皇后が外遊することはあり得ない。しかし政治的脈絡と関係ない外遊もあり得ない。訪問する国の選択１つとっても、そこには日本の国益への考慮、政治・外交的計算が入っている。

両陛下も自分たちが行ってきた国際親善――広い意味での皇室外交――によって、日本とその国の関係が良くなればうれしいし、逆であれば「自分たちがやってきたことは何だったのか」と思うだろう。自分たちがどう役立っているのか、高い関心を持つのは当然である。

外国の賓客との面会などは別にしても、両陛下は不断に外国の事情に触れている。

各国の任地に赴任する新任大使は天皇に拝謁し、赴任前に何人かの大使夫妻とグループでお茶に招かれ、話をする。任地から帰国すれば、お茶や食事に招かれ、現地の様子を報告する。

２０１５年１年間をとると、天皇に拝謁した新任大使は43人、お茶に招かれた新任大使夫妻は83人になる。また帰国して両陛下にお茶に招かれた大使夫妻は78人。

一方、日本に赴任した各国の大使夫妻が両陛下と最初に面会するのは、信任状を奉呈するために皇居に上がったときである。

また両陛下は折々に外交団を招いて食事会やお茶会を開いており、各国大使夫妻が両陛下と懇談する機会は結構ある。「両陛下は外交団を大事にされていて、先進国で外交団がこれだけ大事にされる国はそうないです」と外務省の幹部は語る。

ご進講もある。国際政治の現況についてご進講したある人は「両陛下ともご関心は強いですが、とくに美智子皇后からはいろいろご質問を受けました」と語る。両陛下はこうしたさまざまな機会を通して世界の最新の情勢を得、考える手立てにしている。

思いがこもる１９８９年の歌

天皇、皇后は世界の情勢をどのように見て、どう受け止めているのか。それを知る１つの手がかりは両陛下の短歌である。両陛下には国際政治にかかわる事象を詠んだ歌が結構ある。

これに目を通していくと、世界の動向に強い関心を寄せていることが分かる。と同時に、天皇、皇后のその出来事に対する感慨がふと顔をのぞかせる。

まず私が興味を惹かれたのは、冷戦終結にかかわって両陛下が詠んだ短歌だ。冷戦終結という国際政治史上、未曾有の出来事に、天皇、美智子皇后もさまざまな歌を詠んでいるが、とくに皇后に多い。

冷戦終結は１９８９年11月の「ベルリンの壁」崩壊をもって節目としている。この「ベルリンの壁」は１９６１年、東独政府が自国民が西独へ逃亡するのを防ぐため、東西を仕切る高いコンクリートの壁を構築したのが始まりだ。ベルリンだけでなく、この「壁」は国境に沿って東西ドイツを南北に分断した。「壁」を乗り越えて西側に亡命しようとした東独の人の多くが射殺され、「壁」は自由と人権を抑圧する象徴となってきた。

しかし１９８９年の夏ごろから東独の人びとが、同じ社会主義国でも国境管理が緩いハンガリーやチェコスロバキア経由で、西側世界に流出し始めた。東独内でも民主化運動が広がり、政府への大きな圧力となった。

そしてついに11月９日、東独政府は国民の西側世界への旅行の自由化を発表し、「ベルリンの壁」の検問所が開放されて、自由通行となった。これが「ベルリンの壁」の崩壊だ。

もはや「壁」が人びとの自由への希求を押し止《とど》められなくなり、東欧各国に民主主義革命が次々と波及し、自由主義体制へと転換した。翌1990年には東西両独が統一される。

日本人にとって1989年は冷戦終結だけでなく、昭和天皇が亡くなった年としても記憶されている。この年は昭和天皇の死（1月7日）で明け、「ベルリンの壁」の崩壊（11月9日）で締めくくられた。

天皇は生前退位を示唆した2016年8月8日のメッセージのなかで、「天皇の終焉《しゅうえん》」という表現を使っている。

「天皇の終焉にあたっては、重い殯《もがり》の行事が連日ほぼ2カ月にわたって続き、その後喪儀《そうぎ》に関連する行事が、1年間続きます。その様々な行事と、新時代に関わる諸行事が同時に進行することから…」

「逝去」でも「死亡」でもない。「終焉」という言葉には、1個人の死を超えた、天皇が体現してきた時代精神にピリオドが打たれるという意味が込められているように思う。疑いなく日本人にとって天皇の死とはそのようなものだ。

昭和天皇の死と冷戦終結が同じ年に重なったのは偶然だが、それを超えたところで、後から振り返ると1つの死がある時代的意味を示唆し、時代的転換の節目だったと想起されることは少なくない。日本人にとって1989年はまさにそういう年として記憶に刻まれている。

天皇、皇后にとっては、天皇として即位した年だけに、1989年への感慨はより深いものがあるのではないか。美智子さまは昭和天皇の逝去についてこう詠んだ。

セキレイの冬のみ園に遊ぶさま告げたしと思ひ醒《さ》めてさみしむ

セキレイの遊ぶ様子を昭和天皇に伝えようとして夢から醒め、昭和天皇がもうこの世にいないのを寂しく悟った。一つの時代が逝ったことへの愛惜と喪失感が漂う歌だ。
そして同じ年、「ベルリン」という題で詠んだ歌の空気は、前の歌とは一変する。

われらこの秋を記憶せむ朝の日にブランデンブルグ門明《あか》るかりしを

ブランデンブルグ門はベルリン中心のやや西よりにある。高さ26メートル、幅65メートル。新古典様式で、１７９１年に建設された。ベルリンのメインストリートのウンター・デン・リンデンの入り口に位置し、冷戦時代は東独側にあった。すぐ脇を「ベルリンの壁」が走っていた。冷戦末期、私は門の近くまで行ったことがあるが人影もなく、さびれた界隈《かいわい》だった。
冷戦時代、ブランデンブルグ門は分断の象徴と見なされ、西ベルリンでさまざまなイベントが開かれた。

１９８７年、ミュージシャンのデヴィッド・ボウイは、「壁の向こう側にいるすべての友だちに、祈りを」と述べてブランデンブルグ門の近くでコンサートを行った。この情報が伝わった東ベルリンでは、当日、せめて壁越しにコンサートを聞こうと大勢の若者たちがブランデンブルグ門に集まった。しかし秘密警察や警備当局はこれを暴力的に排除した。

この1週間後、米国のレーガン大統領がブランデンブルグ門の前で、ソ連のゴルバチョフ書記長に「この壁を取り壊しなさい」と呼びかけ、西ベルリン市民から大きな喝采《かっさい》を浴びた。

皇后の歌には「ベルリンの壁」という直接的な言葉は出てこない。しかし統一の悲願を象徴してきたブランデンブルグ門を取り上げることで、言わんとすることが伝わってくる。私たちはみな、今秋起こったことを記憶することだろう。朝日が当たりブランデンブルグ門があれほどに明るかったことを。新しい時代への喜び溢れる歌だ。

天皇も、皇后と統一なったドイツを国賓として訪れた１９９３年、同じ「ベルリン」という題で歌を詠んでいる。

東西を隔てし壁の払はれて「歓喜の歌」は我を迎ふる

音を立てて変わりゆく世界で

冷戦終結は終着点ではなく、始まりだった。1年後の1990年10月、ドイツが統一される。1991年、ソ連の一角を占めていたバルト3国（リトアニア、ラトビア、エストニア）が独立。さらに他の11共和国も独立を決定し、同年末ソ連は解体し、ソ連の衣鉢を継ぐのはロシアとなった。

ユーゴスラビアも1991年、ソ連と同様にユーゴを構成する各共和国が独立を宣言し、内戦状態になる。同じ年、人種差別がつづいていた南アフリカでは、アパルトヘイト（人種隔離）政策の根幹をなしていた人種登録法が廃止された。

ぎしぎしと音を立てて変わりゆく世界を皇后は歌にしている。

1990年――

あたらしき国興《おこ》りけり地図帳にその新しき国名記す

歌には「ソヴィエト、東欧に政変はげしき頃」との詞書《ことばがき》がある。東欧諸国は次々と体制転換を果たし、ドイツ統一がなり、ユーゴスラビア、ソ連では動揺が兆していた。

1991年――

皇后は「ニュース」という題で詠んだ。

窓開けつつ聞きゐるニュース南アなるアパルトヘイト法廃されしとぞ

南アフリカのあの悪名高いアパルトヘイトが廃止されたということだ。「窓開けつつ」には、喜びを迎え入れる気持ちが託されていると思われる。心が晴れやかになった喜びの歌だ。もう1首、「鳥渡る」との題でバルト3国のソ連邦からの独立を詠んでいる。

秋空を鳥渡るなりリトアニア、ラトビア、エストニア今日独立す

今日とは「1991年9月6日」。この年の1月、独立を宣言した3国のうちリトアニアとラトビアでは、ソ連の治安部隊が独立を阻止しようと放送局や官庁などを襲い、犠牲者を出した。ところが8月、お膝元の首都モスクワでクーデター騒ぎが起き、3国どころではなくなって、ソ連はやむなく独立を承認する。

バルト3国は18世紀にロシア支配下に入り、第一次大戦が終結した1918年と1920年に独立した。しかし欧州で第二次大戦が始まった翌年の1940年に再びソ連に併合された。前年、ドイツのヒトラーとソ連のスターリンの間で結ばれた独ソ不可侵条約の秘密議定

書に基づくものだった。

ソ連という枠組みにいわば閉じ込められていた３国が、今日という日、ようやく自由を取り戻せた。「鳥渡る」には自由を伸び伸びと享受する、という意味が託されているようだ。

皇后のこれらの歌は臨場感に溢れている。世界でたったいま起きたこと、同時進行中の出来事をすくい取っているからだ。世界の「いま」に目配りしていることがわかる。

父が生きていたなら…

私は冷戦終結前後の７年間、パリ特派員だった。「ベルリンの壁」崩壊や、東欧諸国の民主革命の取材に駆け回った。東欧の民主化が一段落すると湾岸危機が勃発し、そちらに転戦することになる。

１９９０年８月、イラク軍は突如、クウェートに侵攻。占領するやイラクへの併合を宣言した。冷戦が終わり、新しい時代が幕を開けようとしているとき、力で他国を占領するという時代錯誤を、国際社会は強く非難。国連決議を得て、米軍を中心とする多国籍軍がサウジアラビアに展開した。

天皇は「イラク国在留邦人」の題で、こう詠んだ。

外国に留め置かれたる人々の上思はれて日々を過ごしぬ

イラクのフセイン大統領は、クウェートにいた日本人を含む外国人をイラクに移し、多国籍軍の攻撃を阻止するため「人間の盾」として軍事基地や製油所などの重要拠点に配置した。このころ私もイラクの首都バグダッドに入って取材していた。クウェートから移送された200人を超える日本人がホテルに軟禁され、日本大使の片倉邦雄氏が面会を求めて通った。しかし入り口でイラク兵に拒否された。

その後、イラクは全外国人を解放したが、多国籍軍の攻撃が始まった翌年1991年1月、イラク軍は対抗して多くのクウェートの油井を爆破炎上させ、原油をペルシャ湾に流出させた。クウェートの富を消耗し尽くそうとの狙いと見られた。3月3日、イラクは停戦を受諾し、事実上、敗北した。

皇后はこう詠んでいる。

湾岸の原油《げんゆ》流るる渚《なぎさ》にて鵜《う》は羽搏《はばた》けど飛べざるあはれ

私はイラク軍が駆逐された直後のクウェートに入った。油井はまだ燃えつづけていて、大気中に浮遊する原油の粒子が細かい霧となって太陽を遮り、熱帯の気候にもかかわらず肌寒かった。車のフロントガラスには拭《ふ》いても拭いても原油の粒がこびりついた。

ペルシャ湾の砂浜はベッタリと原油が染み込み、近づけない状況だった。原油まみれの鵜が海岸べりでもがき、何羽かが施設に保護されていた。日本の新聞やテレビでも報じられたから、皇后はこれを歌にしたと思われる。

天皇は即位20年の２００９年、20年を振り返り次のように詠んでいる。

父在《ま》さば如何《いか》におぼさむベルリンの壁崩されし後の世界を

この歌を目にしたとき、わかる、わかる、と相槌《あいづち》を打った。私も同様の思いを父に抱いたからだ。外交官だった父は、冷戦終結の7年前に亡くなった。冷戦が終結したとき、これをひと目父に見せたかったたと思った。「生きていてこの世界を見たら、なんと言っただろう」と。

冷戦時代、東西対立という厳しい国際政治の土俵で仕事をしてきた外交官にとって、ソ連の消滅は想像だにできなかっただろう。ましてやその後の、グローバル化した世界における民族紛争や、ナショナリズムの高揚、イスラム教の過激化など、世界はまったくあたらしいフェーズに入った感がある。

昭和天皇に仮託した天皇の歌には、この20年間の世界に対する天皇自身の深い感慨がのぞいているように思われる。

アフガニスタンへの歌に漂う喪失感

2001年9月11日、米同時多発テロが起きた。この前後、皇后はアフガニスタンに関する歌をいくつか詠んでいる。

「野」という題の一首。

知らずしてわれも撃ちしや春闌《た》くるバーミアンの野にみ仏在さず

この年の3月、イスラム原理主義を厳格に適用するアフガニスタンのタリバン政権は、国際社会の人権批判に反発するように、イスラム教は偶像崇拝を認めていないとして、5～6世紀に造られたバーミヤン渓谷の巨大な石窟《せっくつ》にあった石仏を爆破した。

このような悲惨な結果を招くとは想像もせず、私も心の中で米国の攻撃に加担したのではなかったか。もしかして彼らにそれを仕向けさせたのは、自らの内なる憎しみではなかったか。憎しみは憎しみを生む。その連鎖への自覚とともに、美しい春を迎えたのに、そこにいらっしゃるはずの石仏はもうこの世にない現実。「野」という題には、大きな喪失感が漂う。

９・11を国際テロ組織アルカイダの犯行と断定した米国は、アルカイダをかくまうタリバンに引き渡しを求めた。しかしタリバンが拒否したため、米軍は英軍とともにタリバンを攻撃し、２カ月後の12月７日、同政権は崩壊。カルザイを首班とする暫定政権が樹立された。

２００２年、皇后は「芽ぐむ頃」という題で春のカブールを詠んでいる。

カブールの数なき木々も芽吹きゐむをみなは青きブルカを上ぐる

戦争で荒廃し、数少なくなった木々もまた、春になれば芽吹いてくるだろう。女性たちは顔を覆っていた青いブルカを上げて、その瑞々《みずみず》しい芽吹きを見ている。原理主義的な戒律を押し付けてきたタリバン政権が崩壊し、女性の苦難がようやく終わったことの喜びを伝える。

アフガニスタンが一段落すると、米英軍は２００３年、イラク戦争でフセイン政権を崩壊させた。日本はイラク特措法に基づき、同年12月から人道復興支援のため、陸上自衛隊をイラク南部のサマワに派遣。学校や道路の補修、医療活動、給水活動などを行った。

航空自衛隊は２００９年まで活動したが、陸上自衛隊は２００６年７月に撤収した。

比較的状況が落ち着いていると言われたサマワでも、宿営地近くに砲弾が打ち込まれ、仕掛け爆弾で自衛隊車両が破損するなど決して安全とは言えなかった。しかし幸いなことに犠牲者を出さずに撤収を完了した。

皇后は「帰還」という題で詠んでいる。

サマワより帰り来まさむふるさとはゆふべ雨間《あめま》にカナカナの鳴く

自衛隊は任務を終えてサマワからもうすぐ帰還するだろう。ふるさと日本は夕方ともなれば雨と雨のあいだにカナカナが鳴き、いつしか夏を迎えている。土漠が広がる乾燥したサマワにはない、哀感を催させるカナカナの声や豊かな雨。これらが自衛隊員の心をどれほど慰めるだろうか、との思いが「ふるさとは」以降に託されている。

27日で5カ国をかけ回る

両陛下は皇太子、美智子妃のときから外国訪問を頻繁に行ってきた。その回数は、昭和の時代は計22回、42カ国。何回か訪れた国を複数回カウントすると延べ66カ国に上る。足跡は、米国、西欧、アジアはもちろん、東欧、アフリカ、中東、中南米、大洋州と広がっている。

このうち皇太子、皇太子妃の資格で訪問したのは12カ国だけで、あとは昭和天皇の名代である。昭和天皇が来日した賓客のもてなしを受け持つ一方、皇太子、美智子妃は昭和天皇に代わり外国訪問を全面的に引き受けていたといってもいい。

もちろん他の皇族も外国訪問をして、皇室外交を脇で支えていた。

60年代から70年代半ばにかけては、明仁皇太子の叔父《おじ》にあたる三笠宮《みかさのみや》と高松宮《たかまつのみや》、明仁皇太子の弟の常陸宮《ひたちのみや》、また故秩父宮（明仁皇太子の叔父）の勢津子《せつこ》妃がその役割を担った。70年代半ば以降になると、三笠宮家長男の寛仁《ともひと》親王、同家三男の高円宮《たかまどのみや》、80年代半ば以降は徳仁《なるひと》親王（現皇太子）が加わる。

しかし皇位継承者である皇太子と美智子妃の外遊の意味合いとインパクトは、他の皇族とは当然のことながら違う。皇太子は戦後民主主義の洗礼を受けて育った皇室の第一人者であり、美智子妃も民主的で開かれた皇室を示す民間の出身。訪問国で夫妻は新しい日本を象徴する存在として受け止められた。

しかし天皇になって、皇太子時代に昭和天皇の名代として外国訪問することは簡単なことではなかったと吐露している。２００７年12月の天皇誕生日の記者会見で、

「相手国は天皇が答訪するものと考えているところを私が訪問するわけですから、自分自身を厳しく律する必要がありました」

と振り返った。

日本政府は訪問する国に「昭和天皇の名代なので、昭和天皇と同じ待遇をしてほしい」と申し入れる。しかし国によっては「皇太子は元首ではないので、元首としてもてなすことはできない」と難色を示すこともあったといわれる。

そうした雰囲気のなかでの訪問は決して楽しいものでなく、与えられた義務を果たし、しかも国際親善の実を挙げなければならない。天皇は別の機会にこうも語っている。

「天皇の名代ということは、相手国にそれに準ずる接遇を求めることになり、私には相手国に礼を欠くように思われ、心の重いことでした」（2007年5月、訪欧前の記者会見で）

天皇は退位を示唆したビデオメッセージで摂政を置くことに否定的だったが、皇位継承権第1位の皇太子が天皇の名代で訪れても難しかったのだから、摂政が天皇の名代で外国訪問をしても、十分な成果を生むことはできないと実感しているはずだ。国際社会との協調のなかで生きていくことの大切さを、皇室外交で身をもって示してきた天皇にとって、皇室外交は単なる儀礼外交ではない。

明仁皇太子の1953年の欧米歴訪に次ぐ外国訪問は、7年後の1960年。前年4月に美智子妃と結婚し、これ以後は、ごく希な例を除き、常に夫妻での訪問である。

美智子妃は1960年2月23日に浩宮を出産。その7カ月後に日米修好100年を記念して米国訪問があった。当初はアイゼンハワー米大統領の訪日とセットで行うと発表された。

皇太子夫妻が5月に訪米、アイゼンハワー大統領は6月に来日の日程だった。

しかしこの訪問には、ご婚約、ご成婚という、いわゆる「ミッチーブーム」に便乗して、日米安保条約の改訂を図ろうという岸信介《きしのぶすけ》首相の狙いがあった。このため皇室の政治利用を危惧した宇佐美毅《たけし》宮内庁長官が強く反対。しかも浩宮の誕生からわずか3カ月で、美智子妃の体力も考えて9月に延期された。

米大統領の訪日も思わぬことで中止となった。先遣隊として来日した大統領報道官のハガチー氏が、羽田空港を車で出たところを安保改定反対デモに取り囲まれ、米海兵隊のヘリコプターで脱出する事態になった。また国会前のデモに参加していた東大生の樺美智子《かんばみちこ》が警官隊との衝突で死亡。米大統領の訪日延期が発表された。

このため9月22日から15日間の皇太子夫妻の訪米には、日米関係の修復とともに、国内の反米気分を和らげる目的が付与された。

米国から帰国して1カ月後には、イラン、エチオピア、インド、ネパールを公式訪問、それにタイに立ち寄りと、5カ国を27日間かけて回った。タイ以外は、国王や大統領など元首がすでに来日していることへの返礼だった。産後まもない美智子妃は、ブドウ糖を打ちながら乗り切ったと言われた。

しかしそんな旅にあっても、夫妻は歌を残している。天皇はエチオピアで3首を詠んでいて、その1首。

アカシヤの枝々にさがる小鳥の巣アフリカにあるを身にしみておもふ

美智子妃は「旅」という題で、イエメンのアデンで詠んでいる。イランからエチオピアに向かう途中か、エチオピアからインドに向かう途中に、給油で立ち寄ったときなのだろうか。

若き日の旅遠く来ぬ熱帯の海青ひかりブーゲンビリア咲く

いまではジェット旅客機でひとっ飛びだが、このころはまだプロペラ機で航続距離も長くない。給油のため、飛び石伝いに立ち寄りながらの移動だった。はるばる遠くに来たとの感慨を夫妻が抱くのもむべなるかな、である。

満天の星とテントでの宿泊

皇太子と美智子妃がアフガニスタンを訪れたのは1971年。ザヒール・シャー国王が1969年に来日したことへの返礼だった。この旅で夫妻はバーミヤンを訪れ、丘の上にある遊牧民のテントに泊まるという得がたい体験をした。そこに行く途中の光景だろうか、皇太子は翌年（１９７２年）の歌会始に、「山」の題でこう詠んでいる。

うちつづく土の山なみに幾筋も人とけものの通りこし道

バーミヤンでは村人たちが美しい星空をぜひ両陛下に見せたいと、住まいの明かりを一斉に消してくれた。このときの光景を、美智子妃は「アフガニスタンの旅」の題で詠んだ。

バーミアンの月ほのあかく石仏《せきぶつ》は御《み》貌《かほ》削《そ》がれて立ち給ひけり

満天の星の美しい静けさのなか、石仏の顔は、経年によるものか、面白半分に狙い撃ちされたものか、半分削がれたようになっている。痛ましいような、それでも何かに耐えて凜《りん》として立ち尽くしている。同行した当時の女官長、松村淑子氏は「河鹿《かじか》の声のしきる、美しい一夜でございました」（皇后陛下御歌集『瀬音』）と書いている。

この旅は、アフガニスタンという国に対する美智子妃の印象をより深いものにしたようだ。皇后となっても、アフガニスタンをいくつも歌に詠んでいる。

先にタリバンが石仏を爆破したとき詠んだ「知らずしてわれも撃ちしや春闌くるバーミアンの野にみ仏在さず」の歌は、1971年の歌とある意味、対を成している。顔を削がれても凜として立ち、バーミヤンの野を見つめていた石仏。それさえもなくなってしまった空虚さが、対照を描く。

「防弾車ではなく普通の車を」

冷戦終結後に誕生した新しい国を天皇、皇后が初めて訪れたのは2007年5月、エストニア、ラトビア、リトアニアのバルト3国だった。先に触れたように、この3国は1991年にソ連から独立した。

バルト3国が選ばれたのは、スウェーデンと英国で催される、スウェーデンの博物学者リンネの生誕300年を祝う行事に、両陛下が出席することになったためだった。両国を訪れる機会に、さほど遠くない国としてバルト3国に白羽の矢が立った。人口は、エストニア131万人、ラトビア215万人、リトアニア291万人といずれも小国だ。ソ連からの独立後、民主主義と市場経済を国造りの基本に据え、2004年には欧州連合（EU）にも加盟した。

天皇、皇后の訪問についてラトビアのバイバルス駐日大使（当時）は私のインタビューに「日本からの強いシグナルがありました」

と、日本からの働きかけだったと明らかにした。それまではバルト３国からの要人の来日が多かったが、３国が存在感を高めるなか、日本政府としても両陛下の訪問は、関係強化の契機となる。ただ両陛下の関心とも無縁でなかっただろう。

天皇は訪問前の宮中での記者会見（5月14日）で、ソ連崩壊のきっかけとなったバルト３国の独立を大きな関心をもって見守っていたことを明かした。皇后も、先に紹介したようにバルト３国の独立を詠んでいる。自分たちの手で自由を獲得した３国に対しての思いは強いものがあったはずだ。

天皇、皇后の外遊日程は5月21日から30日までの10日間と決まった。

まずスウェーデンで行われるリンネ生誕３００年記念行事に出席する。このあと３国を１日ずつ回り、最後に英国に立ち寄り、ロンドンのリンネ協会で天皇が記念講演を行う日程が組まれた。両陛下の負担軽減のため、国賓ではなく公式賓客としての訪問となった。

両陛下が初訪問するときは、ふつう国賓待遇になる。しかし国賓だとさまざまな行事が入り、晩餐会も深夜に及ぶため、１日１カ国の日程は厳しい。日本側は3国に午餐会のもてなしとなる公式賓客での訪問を提案し、受け入れられた。

当時、３国にはまだ日本大使館が置かれておらず、近隣のフィンランド、スウェーデン、デンマークの日本大使館が、それぞれエストニア、ラトビア、リトアニアを兼轄していた。

事前準備も、それぞれの大使館が兼轄する国の担当者と打ち合わせをした。

リトアニアでは同国の外務省幹部が、デンマーク駐在の岡田《おかだ》眞樹《まさき》大使に、「両陛下の来訪は、わが国の独立以来3つ目となる重要な訪問である」と語った。

前2つは、ローマ法王ヨハネ・パウロ2世と、エリザベス英女王の訪問。ローマ法王は2000年の歴史と伝統の重み、英女王は7つの海を支配した大英帝国時代からの格式。では天皇は何なのか。それは世界でも屈指の長さを誇る「万世一系」と称される一貫した皇統だ。当然ながらこれには伝統と格式が付随する。

新しく誕生した国や、政治的変革によって体制転換を遂げた国にとって、外交関係の樹立とは別に、外国の元首や首脳の訪問を受けることは、国際社会での認知度を上げ、信任を得ることになる。それが国際社会で影響力のある国の元首となればなおさらのことだ。

リトアニアにはすでにブッシュ米大統領も訪れていたが、カウントされていないのが興味深い。政治、経済的な実利面では、超大国の米大統領の訪問は歓迎すべきものだろう。しかし任期がくればその座を降りる大統領ではなく、君主、それも歴史と伝統と格式のある君主の訪問こそ国の名誉であり、国の威信と正統性につながる、との観点から若い国は見る。

もう1つ、興味深いことがあった。リトアニア側は両陛下の乗る車に防弾車の使用を提案した。岡田大使が窓が開くかどうか確かめると、防弾車は開かない仕様になっているという。

この点を宮内庁に問い合わせると、宮内庁からこう返事があった。

「窓が開かないなら防弾車の使用は止めて、普通の車にしてほしい。両陛下は人びととの触れ合いや、アイコンタクトを大事にされるので、車の窓は開けたい」

これをリトアニア側に伝えると、了承してくれた。

両陛下の訪問前、岡田大使は現地で記者会見をもち、地元記者たちに両陛下のこの訪問に対する期待や、日本の皇室について説明した。

両陛下が地元の人たちとの交流を大事にしたいとの考えから防弾車の使用を断ったことを明かすと、記者たちからどよめきが起きた。彼らからすると、1国の元首が防弾車を使わず、しかも窓を開け、スピードを落として走るなど前代未聞だった。欧州の王室とは違う日本の皇室のありようを、記者たちは感じたのではなかろうか。

ラトビアを兼轄していたスウェーデン駐在の大塚清一郎大使は、懇意にしていたラトビアのパブリクス外相に、事前に皇后の歌「秋空を鳥渡るなりリトアニア、ラトビア、エストニア今日独立す」を英訳して伝えた。同外相は「いい詩だ」と感服した面持ちで語った。

訪問国の国旗をモチーフにした装い

両陛下は5月21日夕にスウェーデンに入り、3泊した。24日正午、バルト3国の最初の訪問国エストニアの首都タリンに入った。

美智子皇后はオフホワイトの地に、ウェストの部分に青、黒、白の模様をあしらった服。エストニアの旗の色を取り入れたことは誰の目にも明らかだった。

歓迎式典、大統領官邸でのイルベス大統領夫妻との会見につづき、両国関係者65人が参加して午餐会が開かれた。天皇は答礼のことばで、バルト3国が旧ソ連邦からの初めての独立国になったとの報に感慨を覚えたこと。また独立以来15年余、欧州の一員として、民主化と経済、社会の発展の道を歩む英知と努力に敬意を表した。

この日のメニューである。

前菜　カワマスとカニのパスタを添えたサラダ
主菜　仔牛のサーロイン、アスパラガスとビート添え
デザート　イチゴのババロワとマスカルポーネのアイスクリーム

ミュスカデ・セーヴル・エ・メーヌ　シュール・リー
イランシー　２００５年

午餐会とあって3品と軽い。両陛下は出されたものは残さないよう努めるため、日本側は量も少なめにしてもらうよう要望していた。冷涼な気候のバルト3国ではワインは生産できず、いずれもフランス産だ。最初の白は仏中西部ロワール地方で、ブドウ品種はミュスカデ100％。赤は仏東部ブルゴーニュ地方で、品種はピノ・ノワール。

食事が終わると、両陛下は「合唱広場」を訪れ、子供から大学生まで約3700人の合唱を楽しんだ。この広場では、5年に1度3万人以上の市民が集まり歌の祭典が開かれる。国連教育科学文化機関（ユネスコ）の無形文化遺産にも登録されている。

この日は合唱の練習だったが、歌い手たちは民族衣装に身を包み、日本の「さくら」を含む5曲を圧倒的な歌唱力で熱唱。両陛下は盛んに拍手をし、終わると1人ひとりと言葉を交わした。この様子は実況中継され、翌日の地元の新聞には日本語で「ようこそ」の見出しとともに、1面で紹介された。

この夜、両陛下は旧市街の小ぶりのホテルに宿泊した。

翌25日正午、両陛下は2番目の国ラトビアの首都リガに入った。このときも皇后は、白とえんじのラトビアの国旗の色を取り入れ、白地にえんじ色のラインが入った服だった。

歓迎行事のあと、両陛下はビケフレイベルガ大統領に伴われて「自由の記念碑」を訪れた。この記念碑はラトビア独立戦争（1918〜1920年）で殺された兵士を慰霊して193

5年に建てられ、以来、自由、独立、主権のシンボルとなってきた。

両陛下は大統領と並んで記念碑に献花し、黙とうした。これを数千人の市民が見守り、終わると大きな拍手が起きた。両陛下は人垣に近づくと、予定を30分以上もオーバーして1人ひとりと言葉を交わした。

このあと大統領官邸で午餐会が催されたが、天皇は答辞で「ラトビアの人々が苦しい時代を通じ、勇気と誇りをもって困難に立ち向かってきた歴史を、私どもは忘れてはならないと思います」と述べた。

午餐会のあと、両陛下はナチス・ドイツや旧ソ連時代をテーマにした「占領博物館」を訪れ、ラトビアの人びとが流刑になったシベリアの強制収容所や、ナチス・ドイツ占領時代の写真を見て回った。シベリアに送られた元日本兵捕虜の手紙やメガネなどの遺品も展示されていた。天皇はこう詠んでいる。

シベリアの凍てつく土地にとらはれし我が軍人《いくさびと》もかく過しけむ

シベリアに抑留されたラトビアの人びとの苦難に、元日本兵捕虜のそれを重ねたのだった。

観光ではなく慰霊と市民交流を

26日、両陛下は最後にリトアニアの首都ビリニュスを訪れた。皇后は胸には黄、緑、赤の同国の国旗の色に合わせた花のブローチ。両陛下はアダムクス大統領夫妻が２００１年に来日した折に会っている。歓迎行事のあと、大統領官邸での歓迎午餐会に臨んだ。

大統領は歓迎スピーチで、距離的に離れていても両国は歴史的に近しい関係にあったと述べ、ナチス・ドイツの迫害を逃れるユダヤ人難民に日本通過のビザを発行し、約６０００人の命を救った元駐リトアニア領事代理、杉原氏に触れた。

「リトアニアと日本の間には、条約や外交を超えた特別な架け橋がありました。その架け橋を作った杉原千畝《ちうね》氏は人道的な功績を残したことで、リトアニア国民の尊敬を集めています」

天皇は答辞で

「貴国の土を踏み、改めて大戦の惨禍や、その後人々が経てきた苦難の歴史に思いを致し、貴国の人々が勇気と誇りをもって困難に立ち向かってきたことに深い感慨を覚えます」

と語った。

メニューはやはり3品と軽めだ。

前菜　オヒョウ、鱒《ます》、カワカマスのスフレ、白アスパラとルッコラのサラダ添え

主菜　鴨のロースト、野菜とポテト、アーモンドのケーキ添え
デザート　オレンジとコワントロのリキュールのパフェ、イチゴにホワイトチョコレートをかけて

カルドラ　ユメ・テッレ　キエティ　２００６年
ラロッシュ　ヴィニャ・プント・アルト　２００５年

白ワインは、イタリア中部のアブルッツォ州。ブドウ品種はシャルドネ、ペコリーノ、ピノ・グリージョの混醸。赤ワインは、フランスのワイナリーがチリで生産する1本で、ブドウ品種はピノ・ノワール。

午餐会は予定の1時間半を1時間も大幅にオーバーした。「数行で終わらせます」と言って始めた歓迎スピーチが長引いたうえ、リトアニア側の出席者を1人ひとり紹介した。

デザートが終わると、大統領は「これも食べていただきたい」と、リトアニア名物のサコティスというバームクーヘンに似たお菓子を、自分で厨房に取りに行って、振る舞った。6年前に日本で自分がそのもてなしを受けた両陛下だからこそのサービス精神だっただろう。

午餐会が終わると、両陛下は杉原千畝氏の記念碑に立ち寄り、さらに「血の日曜日事件」

の犠牲者が埋葬されているアンタカルニス墓地にも訪れ、記念碑に花を捧げ、黙とうした。1991年1月に起きた「血の日曜日事件」では、独立の動きを潰すためソ連治安部隊がテレビ局などを襲撃し、14人が犠牲となった。

両陛下が墓地を訪れると聞いて、遺族たちが炎天下で待っていた。午餐会が延び、到着予定が1時間も遅れたため、両陛下は「気分が悪くなった方はおられなかっただろうか」と心配した。両陛下は遺族1人ひとりに言葉をかけて慰め、遺族らは涙を流してうなずいた。

夕方、両陛下が歌と踊りの「民俗祭」会場に姿を現すと、約3000人の市民が熱く歓迎し、皇后には鈴蘭の花束が贈られた。

3国訪問を総括すると、天皇、皇后はいずれの国でも熱狂的に迎えられた。その成功の要因について、岡田大使は2点挙げる。

1つは、3国の歴史の苦悩に向き合い、その歩みに敬意を表し、独立の犠牲者に心からの哀悼を示してくれたこと。2つ目は、市民の目の高さに両陛下が下りて、心遣いと思いやりに溢れた交流をしてくれたこと、だ。

午餐会での答辞、記念碑での黙とう。皇后もさりげなく服や装飾品に3国の国旗の色を取り入れた。また3国は、「両陛下は市民と交流したいと希望されている」との日本側の要望に応え、格式張らず、なるべく自由に人びと交われる場を設定した。両陛下が3国で触れ合った市民は軽く1万人を超えると見られている。しかも車に乗ってからも車を徐行させ、窓を開けて人びとに手を振りつづけた。

犠牲者の遺族たちの訴えにも耳を傾け、言葉をかけた。それは日本で自然災害の被害者と相対するのとまったく同じで、同じ目の高さに立ち、すべての人に等しく声をかけた。

先のラトビアのバイバルス駐日大使は、両陛下の同国における1泊2日の全行程を一緒に回った。「両陛下がラトビアの歴史や、独立のときのことや、民族的な歌についての深い知識を持たれていることに驚かされました」と振り返った。

天皇、皇后は外国訪問では遺跡や歴史的記念物をほとんど訪れないことで知られているが、バルト3国でも同様で、慰霊碑などの象徴的場所の訪問と市民との交流にほとんどの時間をあてた。両陛下はその振る舞いと、言葉と、ほほ笑みをもって、3国の人びとに日本の具体的なイメージを与え、日本人とはどういう人間なのかを示したのである。

インド訪問はなにを意図したのか

皇室は政治や外交の文脈から無関係でいることはできない。皇室外交の目的は国際親善と言われるが、広い意味で日本の国益のためであり、皇室外交は政治、外交からまったく切り離されたところにあるのではない。ポイントは政治、外交との距離のとり方である。

この点で、何か具体的な政治課題の打開や解決を天皇に期待するということはあってはならないし、現憲法の下ではあり得ないだろう。

しかしそうではなく、両国関係における雰囲気の改善や向上、醸成を図る目的のため、両陛下に外国訪問をお願いすることは認められていいし、皇室外交が最も得意とする分野である。

過去の訪米を見ると、日米の政治・経済摩擦が激化、深刻化しているときと多くが重なっている。先に挙げた1960年の明仁皇太子、美智子妃の訪米はそうだったし、1987年の、やはり皇太子、美智子妃の訪米も、日米経済摩擦や東芝機械の対共産圏輸出統制委員会（ココム）違反で悪化した両国関係を緩和するためと見られた。

1994年6月の両陛下の訪米も、同年2月、政府調達、保険市場、自動車などの分野におけるクリントン米大統領の数値目標要求を細川護熙《ほそかわもりひろ》首相が拒否し、交渉が決裂した首脳会談で正式に発表された。この訪問は米国からの要請だが、経済摩擦が同盟関係に影響を及ぼすことへの懸念が、両国で共有されたと見ることができる。

日中国交正常化20周年を記念した1992年の両陛下の中国訪問は、日本の世論を二分させた。当時の宮沢内閣は天皇訪中について、賛否両論の有識者から首相官邸で何回かに分けて意見を聞く作業を行い、最終的に訪問を決定した。

中国は天安門《てんあんもん》事件（1989年）で国際社会から孤立していたが、陰の実力者の鄧小平《とうしょうへい》は改革開放の再加速を図ろうとしていた。日本との関係は資本や技術のみならず、孤立打開のためにも重要だった。日本の天皇を招くことで、孤立脱却を世界に見せることができる。

天皇、皇后の訪中に外務省アジア局長としてかかわった元駐ブラジル大使の池田維氏は「中国はいろいろなレベルで天皇訪中を執拗《しつよう》に要請してきていましたし、戦争への感情に一定の大きな決着をつけることができるとも言ってきていました。日中関係の長期的発展のためには、当時としてはやむを得ない決断だったと思います」と語る。

当時、中国がいまのように力を背景にして威圧的な行動に出るとは、大方の人は予想していなかった。その後、日中関係は悪化していくが、2003年、銭其琛元外交部長は回想録『外交十記』のなかで、天安門で科せられた国際社会の制裁措置を突破するため、天皇訪中を利用したと述べ、日本を鼻白ませた。

両陛下の外国訪問が、中国のときのように生々しい国際政治の絡みで解釈されたという意味では、2013年11月から12月にかけての両陛下のインド訪問もそうだった。

前年の日印国交樹立60周年を記念して、国賓として訪問したもので、両陛下にとって1960年以来、53年ぶりの再訪だった。

1960年の訪印は、1958年のプラサド大統領の来日に対する、昭和天皇の名代としての返礼訪問だった。しかしこれ以後、インドはソ連との関係を強め、日本は西側世界に属し、関係はもうひとつ停滞した。

日印関係が本格的に動き出したのは21世紀になってからだ。要人の往来が活発になり、両国は政治、経済上の重要なパートナーとして関係を緊密化させた。この流れのなかで2013年の天皇、皇后の訪問が決まった。同年5月にはシン首相が来日しており、翌年1月には安倍首相の訪印が予定されていた。

両陛下の訪問では、中国が陰に陽に意識された。日刊紙ヒンドゥスタン・タイムズは「インドと日本が直面している中国との困難な状況が、天皇のインド訪問の背景にある」「この訪問によって日印両国は、太平洋とインド洋という戦略的空間を共有していることを改めて確認した」と書いた。

日本政府は「天皇の政治利用」という受け止め方が広がることを警戒し、スポークスマンとして両陛下に同行した谷野作太郎・元駐印大使は、インドのジャーナリストに「両陛下の訪問を中国への対抗と捉えるべきでない」と繰り返した。

そうだとしても、高齢の両陛下に行ってもらうことは、日印の提携関係をより高いレベルに引き上げたいとの日本政府の強い思いがあったことは否定できない。

美智子妃の率直な思い溢れるビデオ

11月30日夕、天皇、皇后両陛下は政府専用機でニューデリーのパラム空軍基地に到着した。空港ではシン首相夫妻が出迎えた。「シン首相が外国の賓客を空港に出迎えるのは極めて異例」と日刊紙タイムズ・オブ・インディアは書いた。

両陛下の体調を考慮して、インドに入ったのは土曜日。翌12月1日の日曜日は休養日にあてられ、両陛下はニューデリーの庭園を散策し、地元の人たちと交流するなどくつろいだひと時を過ごした。皇后は女子中学生に「インドは53年ぶりの訪問で、私たちはセンチメンタルジャーニーなの」と語った。また駐インド日本大使公邸では、53年前に訪印した際に植樹し、いまでは15メートルもの高さになった菩提樹《ぼだいじゅ》を、両陛下は懐かしそうに見上げた。

皇后は皇太子妃だった1969年、9年前のインド訪問を回想し、「香」という題で歌を詠んでいる。

蘭奢待《らんじゃたい》ほの香るなか人越しにネールを見たり遠き秋の日

皇太子、美智子妃がインドを訪問したのは1960年11月から12月にかけてだった。カルカッタ（いまのコルカタ）、ニューデリー、ボンベイ（いまのムンバイ）、アグラなどを回り、大統領主催の歓迎晩餐会にも出席した。

名香の蘭香待が広間にかすかに香るなか、人びとの間にネール首相の姿を目にしたというこの歌は、晩餐会のときだろうか。

皇后にはもう1度、インドを訪れる機会があった。１９９８年9月、ニューデリーで国際児童図書評議会（ＩＢＢＹ）の世界大会が開かれ、ＩＢＢＹのインド支部が基調講演を皇后に依頼し、皇后も出席の意向を伝えてきた。ところがその矢先の同年5月、インドが核実験を行い、訪問は流れた。ただそのかわり、皇后はする予定だった基調講演を日本語と英語でビデオに収録し、英語版が大会初日に会場で放映された。

皇后の子供時代の読書の思い出を語った「橋をかける」というタイトルの基調講演を、私は本になったもので読んだが、正直に自分の内面を語った内容は掛け値なく素晴らしい。本書の趣旨と少し関連する部分を紹介すると——

「私がこの本（引用者注：『世界名作選』）を読んだ頃、日本は既に英語を敵国語とし、その教育を禁止していました。戦場におもむく学徒の携帯する本にも、さまざまな制約があったと後に聞きました。子供の私自身、英米は敵だとはっきりと思っておりました。フロストやブレイクの詩も、もしこうした国の詩人の詩だと意識していたら、何らかの偏見を持って読んでいたかも知れません」

「読書は、人生の全てが、決して単純でないことを教えてくれました。私たちは、複雑さに耐えて生きていかなければならないということ。人と人との関係においても。国と国との関係においても」

ビデオが放映された会場の様子を、のちにＩＢＢＹ国際理事になる末盛千枝子さんは「ゆっくり丁寧に語りかける皇后様のお言葉は、心の奥底にしみ入っていくようだった。…お話が終わったとき、『涙が出るほど美しい』と感激している人たちがたくさんいた。日本人と見ると握手を求められた」とその著書『「私」を受け容《い》れて生きる』に書いている。

今回のインド訪問では、ＩＢＢＹインド支部の旧知のマノラマ・ジャファ事務局長と会うことも皇后の日程に入っていた。ジャファ事務局長は皇后に基調講演を根気強く依頼し、訪問が流れたあとはビデオ参加を応援した。

月曜日の2日から公式行事が始まった。両陛下は大統領官邸でムカジー大統領の出迎えを受けて歓迎式典に臨んだ。この後、「独立の父」マハトマ・ガンジーが火葬された「ラージ・ガード（ガンジー廟《びょう》）」を訪れ、献花し、黙とうを捧げた。続いて習わしにのっとり、石碑の周りを一周し、石碑に花びらをまいた。

その夜、ムカジー大統領主催の歓迎晩餐会が開かれた。天皇はスーツ、皇后は着物だった。シン首相や森喜朗元首相ら両国政府関係者、両国にゆかりのある招待者ら約90人が参加した。

大統領は両陛下の訪印が両国の絆を一層強めることに祝意を表した。一方、天皇陛下は答辞で、仏教伝来以来の両国の交流に触れ、8世紀に奈良の大仏の開眼供養でインドの僧が導師を務め、使われた筆は「いまなお正倉院の宝物の中に伝えられています」と紹介した。

また前の訪問で、平和主義を理想とする国造りへの高い志に触れたことが強い印象として刻まれていると述べ、インド議会が毎年8月、日本の原爆犠牲者に追悼の意を表していることに「国を代表し、とりわけ犠牲者の遺族の心を酌み、心から感謝の意を表します」と語った。

一同、ジュースで乾杯し食事が始まった。

メニューはノン・ベジタリアンとベジタリアンの2通りが出されたが、品数が壮観だった。これまで私は各国のメニューに目を通しているが、これだけの品数が出た饗宴を知らない。ノン・ベジタリアンのメニューを紹介しよう。

〈スープ〉グリーンピースの生姜《しょうが》風味のスープ

〈前菜〉大豆とえびのデュエット

　羊の肉のシカンプール（羊肉のつくね）

〈主菜〉マラバール（インド南西部ケララ州の港）の魚のココナツカレー

　ムルグコフタ（鶏の蒸しダンゴ）とジャガイモ、ブカラ風

ハークサーグ（カシミール地方のほうれん草の煮込み）
ブロッコリとキノコの炒《いた》めもの
アルーダム、カシミール風（ジャガイモをスパイスで炒めた料理）
ムングダル・タドカ（炒めたヒラマメのカレー）
グッチ・プラオ（バスマティライスとアミガサダケのピラフ）
パン類の取り合わせ
サラダ、ダヒグジタ（ヨーグルト）、パパド（薄せんべいのようなパリパリのナン）
〈デザート〉バラの花のケール（ケールはコメとミルクを煮込んだライスプディング）
ガジャル・ハルワ（すりおろしたニンジンをコンデンスミルクで煮込んだもの）
新鮮なフルーツ

デザートのとき、客の希望に応じてコーヒーか、紅茶か、カワ（カシミール地方で飲まれているカルダモンや肉桂《にっけい》などの香辛料を入れたハーブティー）のいずれかがサービスされた。

スープに始まり、前菜2品、そして主菜がパンとサラダなどを除いても、2種類のカレーを含め7品。招待者は残さず食べられたのだろうか。牛を神聖なものとするヒンズー教徒と、ブタを不浄なものとするイスラム教徒がいるインドだけに、肉類は羊と鶏。野菜も多い。

アルコール類は出されなかった。知り合いの特派員を通じて大統領官邸の広報部に聞いてもらったところ、「インド大統領官邸でアルコール類が出されたことは一度もない」との回答だった。同国では人口の8割を占めるヒンズー教徒の多くは飲酒を恥と受け止め、1割強のイスラム教徒や、残りのシーク教徒も表向きは飲酒しないことになっている。そうした社会慣習に準じて大統領官邸も出さないとみられる。

シン首相はシーク教徒で、アルコールを嗜《たしな》まない。5月に来日した際も、官邸での夕食会では日本酒と、日本の白と赤ワインが出されたが、日本側がグラスを傾ける中、シン首相とインド側の多くの随行員はジュースで通した。

独自のスタイルを築いた道のり

翌3日、両陛下は国際的な文化交流施設「インド国際センター」を訪問した。両陛下は53年前の訪問のとき、ここの定礎式に参加している。定礎の日付と天皇の名前が英語で刻まれた礎石を、天皇は懐かしそうに見つめた。皇后はセンター内でIBBYインド支部のジャファ事務局長らと懇談し、旧交を温めた。

この日の夕方、日本大使公邸で開かれた日本大使主催のパーティーで、両陛下は東日本大震災のとき、インドから派遣された救援隊のアワスティ隊長と面会し、お礼を述べた。救援隊は宮城県女川町《おながわちょう》などに入り、7人の遺体を発見した。天皇は「日本が大変なときに来てくれてありがとう」と述べたという。

訪問後半の4日、両陛下は政府専用機でニューデリーから南部の商業都市チェンナイを訪れた。古典舞踊や古典楽器を教える芸術学院では、インド古典「ラーマヤナ」を題材にした学生たちの舞踊を鑑賞し、拍手を送った。

5日は児童公園を散策し、地元の高校生ら市民約250人と交流した。日本語を学んでいる生徒に、天皇は「漢字は難しいですか」などと話し掛けた。障害者協会も訪問し、知的障害者らがヨガ教室や紙コップ作りの職業訓練などに取り組む様子を視察した。この夜、両陛下はすべての日程を終えてチェンナイを飛び立ち、6日朝帰国した。

日本政府は高齢の両陛下のため、最も季節のいい12月を訪問時期に選び、インド国内では2カ所の訪問にとどめ、休養日も入れた。インド側に協力を求めて公式行事も最小限にし、市民との交流に主体を置いた。幸い何ごともなく1週間の訪問を乗り切った。

両陛下は皇太子、皇太子妃時代から外国訪問を重ね、二人三脚で日本の皇室外交を切り開いてきた。広い意味で日本の国益に関与しながら、他の国の首脳や王室とはまた違った、日本独自の皇室外交のスタイルを作り上げてきた。

この間、両陛下は世界の変転を目撃してきた。皇室はネパールの王室とは長い交流の歴史があり、１９７５年には皇太子、皇太子妃としてビレンドラ国王の戴冠式に出席した。１９７８年にはその国王を国賓として迎えた。しかし国王は２００１年、息子の王太子に王妃や王族とともに殺害され、さらにその後の混乱で、２００８年、王制は廃止されて共和制になった。エチオピア、アフガニスタン、イランにも王制のときに訪れたが、いずれもその後、体制を転換した。

訪問しながら、その後に消滅した国もある。美智子妃は１９７６年、ユーゴスラビアの旅をこう歌った。

み使ひの旅のみ伴《とも》と今日《けふ》は訪《と》ふ黄なる花さかるアドリアの岸

そのユーゴスラビアは冷戦終結後の91年から内戦が始まり、最後は7カ国に解体した。

米国の大統領にはアイゼンハワー大統領（１９５３〜１９６１年）からオバマ大統領（２００９年〜）までの11人のうち、両陛下は来日する機会のなかったケネディ、ジョンソン両大統領を除き9人に会っている。これを凌《しの》ぐのはエリザベス英女王ぐらいだ。改めて、両陛下は独自の皇室外交のスタイルを築き、はるばる歩んでこられたな、と思うのである。

おわりに

皇室外交という言葉に、宮内庁は「皇室には外交はありません」と言うだろう。確かに天皇は政治には関わらない。しかし本文でも触れたが、日本の国益や、政治、外交の脈絡からまったく遊離した両陛下の外国訪問はあり得ないし、外国の賓客を日本に迎えた場合も、皇室と政府は巧みな補完関係と役割分担でもって賓客をもてなす。

私が皇室外交に注目するようになったのは、80年代半ばから90年代にかけての7年間、特派員として勤務したパリ時代である。大統領や首相らの首脳外交はもちろん、欧州各国の王室が繰り広げる王室外交とも違う。パフォーマンスもハッタリもなく、あるのは天皇、皇后の人間力とでも言うべきものだが、その静かで、ジワリと影響力を浸透させる皇室外交に、日本では語られない新しい側面を見出した。

以来、両陛下の外国訪問や、国賓の訪日の際は、なるべく関係者にあたり、情報をとるように努めてきた。この点では、私が勤めた新聞社の同僚にも世話になった。また本書を書くため、外務省、宮内庁の現役、ＯＢをはじめ、関係する方々に話を聞いた。両陛下が訪れた国の政府関係者、駐日大使にも協力いただいた。差し支えない範囲で実名にしたが、記載しなかった方も多い。この場を借りて感謝の念を伝えたい。

本書を3分の2ほど書いたところで、天皇の退位問題のニュースが飛び込んできた。編集者の堀由紀子さんには、約束した脱稿の時期が私の多忙さに足をとられかなり遅れて迷惑をかけた。ただ天皇の退位を示唆したビデオメッセージを聞けたが故に、退位問題が皇室外交に突きつける課題などを考察し、本書を今日に即したものにできたのではないかと、言い訳がましくも思っている。

最後に、本書では煩雑さを避けるため、天皇、皇后の敬語、敬称を省略し、夫妻の場合だけ両陛下と記した。また天皇の歌も、御製と言うところを短歌、歌と表記した。

平成28年9月20日

西川恵

西川恵 『ワインと外交』新潮新書、2007
西川恵 『国際政治のゼロ年代』毎日新聞社、2010
西川恵 『饗宴外交　ワインと料理で世界はまわる』世界文化社、2012
西川恵 『歴代首相のおもてなし』宝島社新書、2014
沼田貞昭 「日英戦後和解 一九九四 ― 一九九八年」（軍事史学第48巻第3号　抜刷）
沼田貞昭 「渥美奨学生の集い」講演録 「日英戦後和解（1994-1998年）」SGRA REPORT NO.66　関口グローバル研究会
波多野勝 『裕仁皇太子　ヨーロッパ外遊記』草思社、1998
波多野勝 『明仁皇太子　エリザベス女王戴冠式列席記』草思社、2012
まど・みちお 詩／美智子 選・訳／安野光雅　絵『THE ANIMALS どうぶつたち』すえもりブックス、1992
美智子 『橋をかける　子供時代の読書の思い出』文春文庫、2009
村田良平 『村田良平回想録』上下巻　ミネルヴァ書房、2008
村田良平 『回顧する日本外交　1952-2002』都市出版、2004
保阪正康 『天皇のイングリッシュ』廣済堂新書、2015
矢野 暢 『「南進」の系譜』中公新書、1975
矢野 暢 『「南進」の系譜 日本の南洋史観』千倉書房、2009
吉川重国 『戴冠紀行』毎日新聞社、1954
渡邉允 「皇室とオランダ王家の五〇年―戦争という不幸を乗り越えて」中央公論2003年1月号
渡邉允 『天皇家の執事　侍従長の十年半』文藝春秋、2009
Jacques Attali「Verbatim Ⅰ 1981-1986」Fayard
Jacques Attali「Verbatim Ⅱ 1986-1991」Robert Lafont
Bernadette Chirac「Conversation」Plon
Pierre Péan 「L'Inconnu de l'Elysée」Fayard
Selwa Roosevelt「Keeper of the Gate」Simon and Schuster
Valérie Trierweiler「Merci pour ce moment」Les Arènes
日本の主要日刊紙、共同通信、米英仏比などの日刊紙
宮内庁をはじめとする各国の政府・王宮・大統領官邸などのホームページ

主要参考文献

朝海浩一郎 「朝海浩一郎日記抄（二・完）」法學志林第112号第2号 法政大学法學志林協會、2015
朝海浩一郎 『司町閑話：一外交官の回想：水は橋の下をとうとうと流れ去って行った』朝海浩一郎回想録編集部、1986
池田維 『激動のアジア外交とともに 外交官の証言』中央公論新社、2016
卜部亮吾 『昭和天皇最後の側近 卜部亮吾 侍従日記』第1～5巻 朝日新聞社、2007
川島裕 「川島裕侍従長 随行 特別手記 天皇皇后両陛下『玉砕の島』ペリリュー島へ」文藝春秋2015年6月号
川島裕 「天皇皇后両陛下 五年間の祈り」文藝春秋2016年4月号
皇太子、皇太子妃 『ともしび 皇太子同妃両殿下御歌集』婦人画報社、1986
皇后 『瀬音 皇后陛下御歌集』大東出版社、1997
秦 澄美枝釈『皇后美智子さま 全御歌』新潮社、2014
小菅信子、ヒューゴ・ドブソン 『戦争と和解の日英関係史』法政大学出版局、2011
小菅信子 『ポピーと桜 日英和解を紡ぎなおす』岩波書店、2008
佐藤明広 「『皇室外交』に見る皇室と政治—日本外交における『象徴』の意味」近代日本研究20「宮中・皇室と政治」山川出版社、1998
佐藤考一 『皇室外交とアジア』平凡社新書、2007
加瀬英明編 『宮中晩餐会 お言葉と答辞』日本教文社、1993
末盛千枝子 『「私」を受け容れて生きる—父と母の娘—』新潮社、2016
高橋紘 『象徴天皇』岩波新書、1987
谷野作太郎 『外交証言録 アジア外交 回顧と考察』岩波書店、2015
千野境子 『日本はASEANとどう付き合うか 米中攻防時代の新戦略』草思社、2015
中山和芳 『ミカドの外交儀礼 明治天皇の時代』朝日新聞社、2007
西川恵 『エリゼ宮の食卓 その饗宴と美食外交』新潮社、1996

西川　恵（にしかわ・めぐみ）
長崎県生まれ。ジャーナリスト。東京外国語大学を卒業後、1971年に毎日新聞社入社。テヘラン支局、パリ支局、ローマ支局などを経て、98〜2001年外信部長。02〜14年外信部専門編集委員。国際政治、外交の取材とともに皇室外交を一貫してフォローしている。主な著書に『エリゼ宮の食卓』（新潮社、97年サントリー学芸賞）、『国際政治のキーワード』（講談社現代新書）、『ワインと外交』（新潮新書）、『国際政治のゼロ年代』（毎日新聞社）、『饗宴外交』（世界文化社）、『歴代首相のおもてなし』（宝島新書）など。共訳に『超大国アメリカの文化力』（岩波書店）。毎日新聞客員編集委員。公益財団法人日本交通文化協会理事（事務局長）、公益財団法人日仏会館常務理事。フランス政府農事功労章シュヴァリエ、フランス国家功労勲章シュヴァリエ受章。

知《し》られざる皇室外交《こうしつがいこう》

西川《にしかわ》　恵《めぐみ》

2016年10月10日　初版発行
2019年 1 月20日　3版発行

発行者　郡司 聡
発　行　株式会社KADOKAWA
東京都千代田区富士見 2-13-3　〒102-8177
電話　0570-002-301（ナビダイヤル）
受付時間 11:00〜17:00（土日 祝日 年末年始を除く）
https://www.kadokawa.co.jp/

装 丁 者　緒方修一（ラーフイン・ワークショップ）
ロゴデザイン　good design company
オビデザイン　Zapp!　白金正之
印 刷 所　暁印刷
製 本 所　BBC

角川新書

ISBN978-4-04-082087-3 C0231